世界を変えてやれ!

プロサッカー選手を夢見る子どもたちのために僕ができること

Takeshi Inawaka
稲若健志

TOYOKAN BOOKS

はじめに

今、僕は日本の子どもたちを世界中に連れていったり、海外の子どもたちを他国へ連れていったりする活動をしています。この仕事を始めようと思ったきっかけは本当にシンプルなものでした。

僕が若いときにアルゼンチンという国で衝撃を受けたことが始まりでした。他の子どもたちにも僕と同じ体験をしてもらいたい！　という切なる思いからスタートし、それがいつの間にか世界中に広がり、今では地球上のすべての大陸の子どもたちを世界各地に連れていけるまでになりました。

世界に飛び出すと不思議と視野が広がり、考え方が変わります。世界は本当に広く、そこに行ってみなければわからないことがたくさんあります。現地に行ってみてはじめて感じることが多々あるという日々の中で、多くの子どもたちにサッカーを通して心豊かに人生を過ごしてほしいと思ったことが、この仕事を始めたきっかけでした。

ミッチェル・サルガド（元レアル・マドリードキャプテン）との出会いは2013年。ドバイという国で知人を通じて紹介されました。それが今では親友の関係です。人生はわからないものです。

サルガドと知り合ったことにより、ドバイとの繋がりが強くなり、日本の多くの子どもたちがドバイでサッカーを学ぶようになりました。

サッカーには不思議な魅力があります。ボールを追いかけることによって自分が必要としている人間に出会えます。そして、その繋がりが人生に大きな虹をかけてくれ、輝きを与えてくれるのです。皆さんは今、一生懸命ボールを追いかけてますか？ ボールの背中をいつも追っていますか？ サッカーボールは逃げることはありませんが、サッカーボールは掴まえることもできません。ボールは常に転がり続けているのです。

僕が子どもたちのためにできることはただ一つです。

この地球上でサッカーに関わる国ならばすべてに橋を架けることができます。その橋を渡るかどうかは皆さん次第です。

CONTENTS

第2章 まだまだ知られていない世界との大きな差

第3章　子どもたちを伸ばす親と指導者の関わり方

第4章　本気で夢を叶えるために

親子のギモンを解決！　教えて稲若さん!!

第1章

世界を知るために頭に入れておきたい海外サッカーの実情

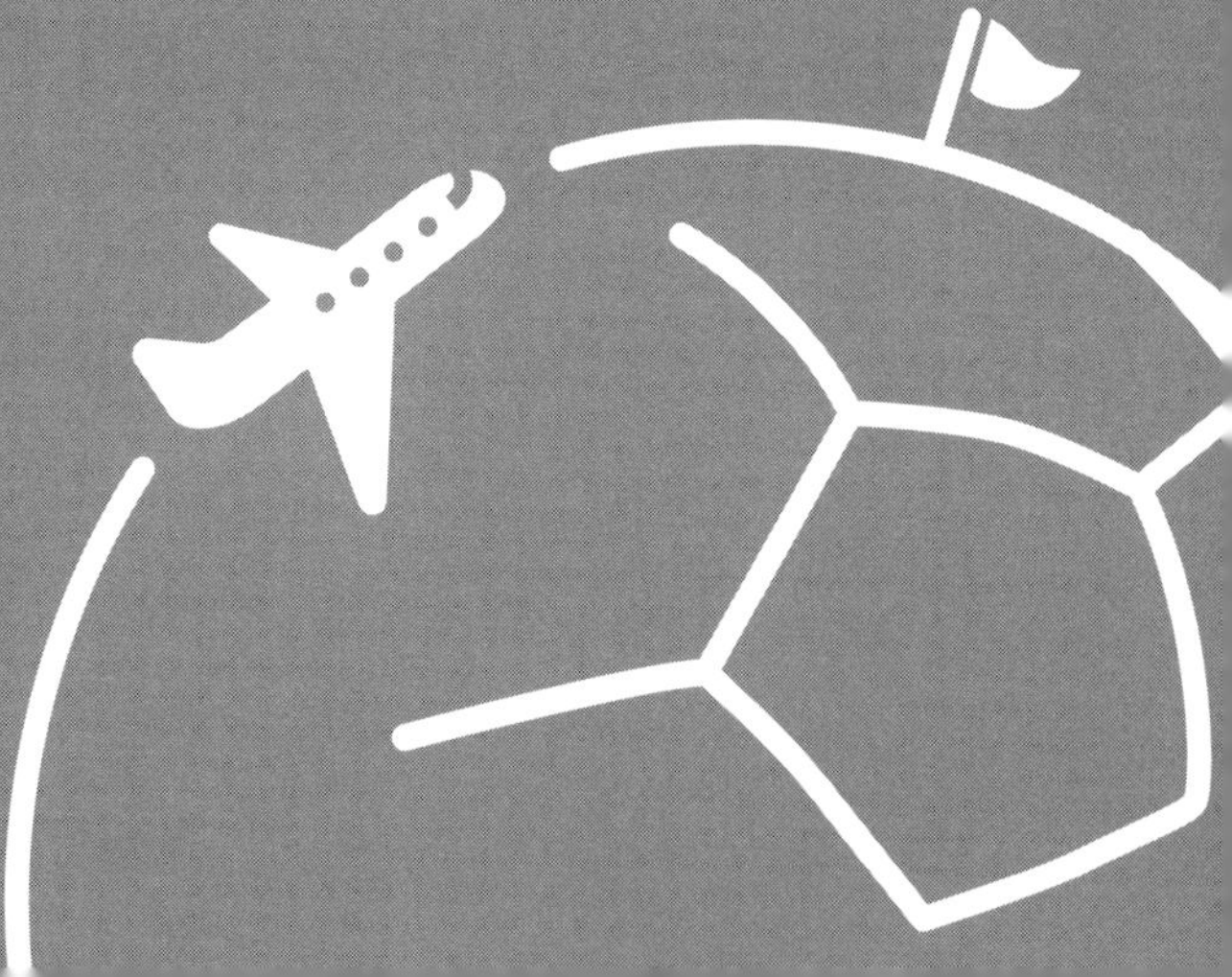

視野を広く持ち、まずは世界を知る

日本と南米の子どもたちを取り巻く環境の大きな違い

ヨーロッパや南米のサッカー強豪国は、子どもがお腹の中にいるときからサッカーという言葉を耳にしながら生まれて育っています。ですから、子どもの頃からプロにならなければいけないという目標や夢が、日本で生まれ育つよりもリアルなのかもしれません。

日本には義務教育という制度があり、その枠組みにどうしても捉われてしまう傾向がありま す。もちろん大切なことですし、日本の子どもたちが世界と比べたときに礼儀正しかったり、しっかりしていたりするのは義務教育があるおかげだと思います。

一方、南米の選手たちには、何歳までに何をしなければいけないとか、学校が終わってからサッカーを学びましょうとか、そういう意識はありません。プロサッカー選手になることは、彼らにとって生活そのものであり、生きることなのです。日本ではサッカーはスポーツですが、南米では人生です。そもそものスタートからサッカーを取り巻く環境が大きく異なります。

日本には義務教育があり、学校を卒業したあとの13歳や16歳といった年齢が大きな影響を及ぼします。

その上、日本ではチームを移籍することを非難するような風潮があります。一度加入したチームを1年で辞めることは、子どもがどうこう以前に、親の関係性やチーム事情もありなかなか難しい現状があります。

一方、サッカー強豪国の場合は、年齢を重ねれば重ねるほど、たった1年でクビになってしまうことが多々あります。その一つの理由は、サッカー強豪国の場合、子どもたちがすべてクラブチームに所属しているということでしょう。クラブチームに所属しているからこそ、移籍をしたり、クビになったり、流動性が高いと言える状況があります。

これが日本の場合、多くの選手たちが学校教育の部活という文化のなかに所属することになるので、まったく事情が異なります。

3年間は守られる日本の慣習のままでは世界の競争力に太刀打ちできない

サッカー強豪国の場合、クラブに加入した瞬間から激しい競争がスタートします。日本の場合は、Jクラブの場合でもチームに加入するまでは激しい競争がありますが（四次試験まであるクラブも)、ただし、一度チームに入ってしまえば1年でクビになることはまずありません。その点だけでも、海外の環境より競争力が乏しく、その分、選手の成長の度合いも変わってきます。日本の場合、ジュニアユースもユースも3年間というスパンはクラブに守られるのが慣習です。この慣習こそが〝サッカー強豪国〟のシステムにある競争力に大きく劣る部分であり、相容れない文化と言えるのです。

日本の場合は13歳や16歳という中学や高校の1年生に該当する年齢がどうしても下積み時代になってしまいます。しかし、サッカー選手はお寿司屋さんではないのです。修行を何年も続けてやっと寿司を握れるようになる、というものではなく、サッカー選手は常に本番に挑み、試合に出場し続けなければなりません。

しかし、これがサッカー強豪国となれば、とにかく1年ごとの勝負が続きます。たとえば、小学1年生がレアル・マドリードに入っても、2年目もクラブに居続けられるかどうかは(9月入学なので翌年の)6月に判断されます。そういう環境に挑む彼らには、生を受けたときからそういう感覚が染みついているのです。

この点だけでも、日本という国は世界から見ればかなり変わっています。1年生のときはまずボール拾いをしなければ試合に起用されないとか、先輩から「何々をしろよ」といった強制を受けるとか、その手の環境が未だに存在します。3年間も同じ仲間と同じ環境で過ごし、なおかつ、上下関係もあるという環境は、競争という観点から言えば明らかにズレていると思います。これを日本の捉え方で考えると、3年間じっくり育てられるからそれはそのほうがいいとなるかもしれませんが、競争力を生まない、尻に火がつかない環境はどうしても成長の速度に違いが現れます。若い年代でプロにデビューする選手が、世界に比べると日本が圧倒的に少ないのは、この競争力の環境が関係してくるのは間違いないとは思います。

レアルは一学年最大25人まで。最初はボール拾いなんてナンセンス

日本の高校サッカーを見ても、未だにものすごい数の部員がいます。それは部費によって部活のチーム活動を支える必要があり、ひとまず多くの部員を確保しなければいけない事情があるからです。多くの選手たちは部費というお金を払い、ひと握りになる上のレベルの選手たちを支えていかないといけません。これが日本の高校サッカーの実情です。

ところが、サッカー強豪国の場合、どのクラブでも所属する選手数はだいたい決まっています。レアル・マドリードの場合、一学年は最大で25人しか採用しません。22人から23人をキープしつつ、年間のスカウティングを通して良い選手がいれば1人採用するか否かという程度です。

スペインのほとんどのビッグクラブは、どのカテゴリーでも一学年につき、だいたい21人から22人という所帯でスタートします。小1の年齢であれば7人制サッカーなのでもっと少なく、

レアル・マドリードの各カテゴリー

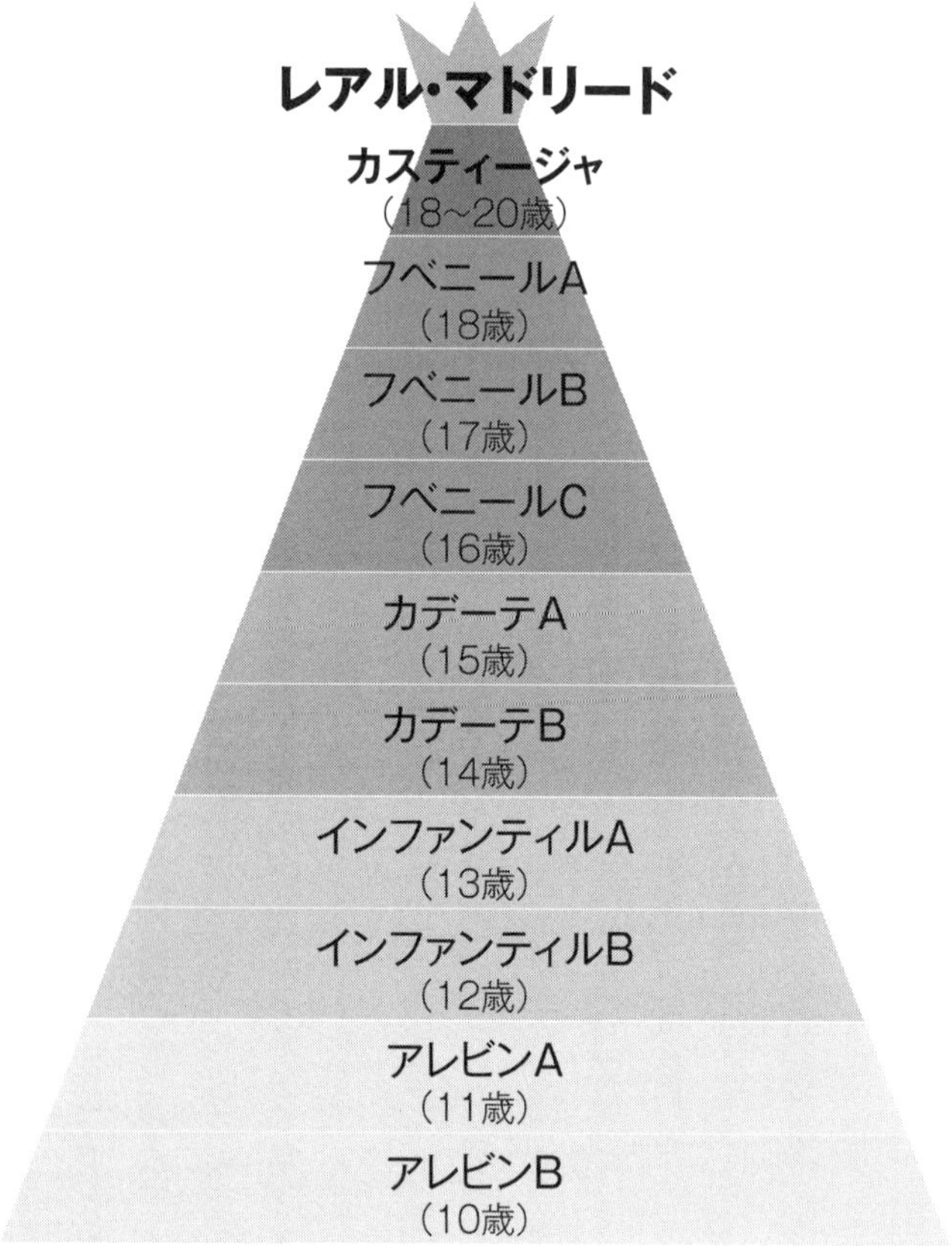

カスティージャは若い選手の戦場という位置付けになっていて、16、17 歳の選手も良ければそこでプレーすることもあるし、21、22 歳の選手でもトップからカスティージャに落ちてプレーすることもある。このピラミッドはあくまでもレアル・マドリードだけのものであって、他クラブでは、カスティージャがなくてフベニールになっているクラブもあれば、アレビンが D まであるクラブもある。

一学年で約12人ほどです。そこから1年間の競争が始まるのです。そして、もしも良い選手がいれば下のカテゴリーからどんどん上がっていきます。町クラブの場合でも一学年25人ほどがベースになるのが当たり前です。

さらに言えば、そもそも高校年代の3年生と1年生が一緒にプレーをすることはありません。実力がある選手はカテゴリーが上がることもありますが、レアル・マドリードでも、南米でも、15歳までは飛び級することはまずありません。15歳まではしっかりと経験を積ませるのです。ただ16歳になると話が変わり、飛び級で上に行く選手が多数出てきます。15歳までは育成。16歳以上は実力があれば目線がプロ目線に変わり才能は引き上げられます。

一方、日本の場合は高校サッカーで1年生が3年生に交じってデビューすることがニュースとして取り上げられます。南米や欧州の場合、同じ年代で、ダメか、OKか、その二者択一でしかありません。

15歳でプロデビューするための逆算された育成手法

アルゼンチンでは年齢が若くても、彼らがチームで活躍すれば勝てるし、勝利給がもらえるので、先輩面をする選手はいません。みんなが若い選手に対して「がんばれ!」という姿勢で背中を押してくれます。15歳でトップチームデビューをしてもみんなが応援しながら力を貸してくれます。

一方、日本はそもそも15歳では年齢制限があるので勝利給もなければ、プロデビューを飾ることを考えて身体を準備することはまずありません。海外の選手たちは、15歳からプロデビューできることを目標として、逆算して13歳くらいからしっかりと筋トレもしていますが、日本の中学生たちはすごく細いのです。なぜか。13歳の中学生たちが2年後に自分がプロデビューするとは微塵も考えていないからです。

日本の場合は早くても18歳がプロデビューをするラインとなりますが、一方で、海外では15歳からデビューするケースもざらにあります。マラドーナは15歳でデビューしましたし、アグエロやベイルといった選手たちは15、16歳でデビューしました。本当に良い選手ならば16歳や17歳でデビューするケースが多いと思います。クラブ側には選手をしっかり育て、しっかりと売らなければならないという事情もあるからですが、その点が日本との大きな差に繋がっていると思います。

南米では10歳になれば良い選手に必ずエージェントが付く

大きな違いとして触れなくてはいけないのは、南米は日本とはエージェントの数が異なることです。日本は規則もあり18歳になってから初めてエージェントを付けることになりますが、南米では10歳になれば良い選手には必ずといっていいほどエージェントが付きます。チームのテストを受けに行ったときに良いプレーをすれば、紅白戦が終わったあとに、①どこで今までプレーしていたか、②エージェントは誰なのか、この2点について必ず聞かれます。

10歳や11歳の頃からほとんどの選手にエージェント(海外ではレプレセンタンテと呼びます)が付いていて、その7割はお父さんが担っています。そのレプレセンタンテ(通称お父さん)が自分の息子を売り込んでいるのです。お父さんが自分の息子を売り込むために、我が子をテストに連れていくなど、どんどん自分で動きます。南米の場合はお父さんとチームとの繋がりは半端ではないです。その点はかなり違います。

そもそも南米の子どもたちはサッカーを見る環境も日本とはかなり異なります。彼らは毎週末、必ず試合を見に行きます。生まれたときから自分が応援するチームが決まっていて、お父さんが応援するチームを一緒になって応援します。だから、プロ選手の存在を小さい頃からすごく身近に感じることができます。

自分の応援しているチームが負けたら喧嘩になり、バカにされたら揉めたりもします。子どもの頃からそういう魂が植え付けられているので、その点だけでも日本の子どもたちとはかなり差があると思います。

10歳ほどの子どもがスタジアムの金網にしがみついて試合を見ているし、実際にプレーするとなれば、球際の攻防は激しいし、必ずといっていいほど引っ張り合いの攻防があって着ているビブスが頻繁に破れます（笑）。

ストリートサッカーに目を移せば、その辺りにいる普通のお父さんもサッカーがうまいです。太っていようが足裏の技を使えるし、どこかの空き地で誰かがサッカーをやっていれば、誰ともなく集まってきて、じゃんけんをしてチームを決めて、というところから始まります。

そもそもアルゼンチンという国には、公園に必ずゴールが置いてあります。どこでもゴールがあるので、蟻が甘いものに集まるように、ゴールがある場所に人は本能のように集まります。日本だと公園にブランコが絶対にありますが、南米になればそれがゴールなのです。逆に、南米には公園にブランコなんてないですし、本当にゴールだけしかありません。その点は、やはりアルゼンチンはサッカーの国だと感じる部分です。

南米の子どもたちはみんなが生まれながらの負けず嫌い

日本では勝負へのこだわりに触れない指導者もいます。何歳までは勝負にこだわらない、勝ち負けよりも大事なものがある、そんなふうに話している光景があるのですが、南米では、勝負の世界で勝ち負けよりも大事なものはないという考え方です。サッカーは勝ってこそ、という考え方が定着しているので、試合になればビブスは破くし、体をぶつけるし、削ります。

日本人の子どもでも、アルゼンチンのサッカーを経験したあとに身体を使えるようになるのは環境が原因だといえるでしょう。接触プレーが非常に多いので、プレーが頻繁に止まります。小さい子どもたちでも頻繁にプレーが止まるのです。

一方、日本の小学生年代（ジュニア）のサッカー、たとえば、全日本U－12サッカー選手権大会（旧・全日本少年サッカー大会）に出場するチームの試合を見ても、ボールが繋がらなくてプレーが止まるシーンはよく見ますが、接触プレーで止まることはほとんどありません。

南米では子どもたちも戦います。球際は強いし、ファウルが悪いという意識もあまりありません。ファウルをしても止めないといけないときに止めれば、それは正しいファウルだったということになります。審判もそれほど笛を吹きません。あえて激しい攻防をやらせるのです。

日本の場合、これはＪリーグにもいえますが、闘うサッカーではなく、すごく綺麗なサッカーをするリーグといえます。それに伴った数字になりますが、日本はケガ人の数が海外と比べて少ないです。南米や欧州でケガ人が多いのは接触プレーが多いから（当たり前、仕方がない）という考え方があり、そこには日本との明確な考え方の違いがあります。

日本の美学は、頑張ることにあります。しかし、ただ頑張るだけでは海外に出れば評価の対象にはなりません。あいつ頑張ってるな。それで？　頑張ることだけが評価につながるのではなく、戦っている中で結果を出す選手が評価に繋がるのです。だからこそ、絶対にやられてはいけないところでは身体を張ってファウルでも止める。それが結果を掴むことに繋がるからです。

自分で突破しなければいけない海外生活が人を変える

海外留学の良さは、まず親と離れることです。距離が近いとどうしても喧嘩をするし、揉めることも多いはずです。しかし、親と離れると結局は自分ですべてやらないといけなくなります。

また、言葉がわからないので、自分の意思や主張を伝えることだけでも難しい状況に置かれることになります。チームでの言動はもちろん、私生活面でも、自分で発言したり、自分でスポットライトを勝ち取ったりしながら生きていかないといけなくなります。そこでは結局は誰も助けてくれないので、自分で突破していくしかないのです。

親や学校の先生のように、あなたが答えてくださいとか、あなたがやってくださいとか、そのたびにスポットライトを当ててくれることはないので、その意味では間違いなく、自主性を育む環境に身を置けるという意味で大きなメリットがあると思います。

そもそも僕がアルゼンチンに留学したきっかけはマラドーナが好きだったからですが、今振り返ってもアルゼンチンに行って良かったと思えるし、きっかけは何であれ結果としてあの国に行ったのは正解でした。昔はパソコンや携帯もなかったし、『地球の歩き方』がすべてという時代でした。

僕が留学に出たのは18歳のときです。連絡を取る手段がなく、電話屋さんはあったものの1

分で500円の通話料が取られる時代でした。手紙を出しても1カ月は返ってこない状況だったので、すべてを自分でやるしかない環境でした。

昔は留学に行った子どもの状況が何もわからない時代だったので、親もすごく強かったのです。留学に行ってしまったら、もうしょうがないと開き直るほかないのです。子どもも、親も、強くならなければ順応できなかったのです。

しかし、今の時代は何でもあるから、子どもが海外に行ってからも親が子どもの情報を求めてきます。遠征先ではブログで情報共有するのですが、写真に写っている我が子に笑顔がなければ「息子は大丈夫ですか？」、息子の服がいつも同じならば「服が同じですけど大丈夫ですか？」などと連絡してくる親御さんがいます。

親自身が子どもの言動が気になって気になって仕方がないのです。親の価値観で子どもが動いていないと、それを質問したくなってしまう。

しかし、親が遠隔的に子どもにやらせてしまうことが何を生むかといえば、何も生み出すことはありません。子どもは自分自身で気づいてこそ成長します。

言葉が話せないまま単独海外に渡って生き残る

僕の場合、アルゼンチンに留学したときに頼れる人が誰もいなかったので、とりあえず公園に行き、小さいあめ玉を買って、小さい子どもたちを集めました。あめ玉を小さい子どもたちにあげると何かを話をしてくれるので、それをノートに書いて、家に帰ってから辞書をひたすら引きました。その繰り返しでした。1日6時間ぐらい勉強をしました。学校は行かなかったので、単語を積み重ねながら文章をつなげていったのです。

昔はスペイン語を勉強するやり方がほとんどなかったこともあります。勉強するとなれば、書店には英語の本しか並んでいませんでした。何とか見つけたスペイン語の本1冊と辞書を持ってアルゼンチンに飛びました。だから自分で話をするしかない状況でした。ただ、音を聞けば徐々に耳が慣れていくものです。そういう生活を繰り返しながら半年ほどが経過したときに耳が慣れてきたのです。そして1年ほどで言葉がだんだんとわかるようになり、2年目になるとだいたいの会話ができる状況になりました。そうなるまでの間は身体をフルに使ったジェスチャーで乗り切りました（笑）。

普段のご飯などは、僕が留学したときはペルー人のおばちゃんがご飯をつくってくれていました。残りの時間は言葉が通じないから、トレーニングをして、勉強をして、その繰り返しでした。ネットもなければ、携帯もないので、本当にサッカーと言葉の勉強をするしかないのです。他にやることがありませんからね。

2年目で言葉が話せるようになると周りに変化が……

半年ほど経過したときには耳が言葉に慣れて、すると同時に試合にも出られるようになっていきました。言葉がわかるから試合に出ることができたのだと思います。周りが話していることが理解できるのは大きいのです。

今の子どもたちも「サッカー選手になりたい」と口では言うけれど、あまり勉強をしていない子もいます。Jリーガーも同様で、海外志向の選手は多いですが、その選手がどれだけの準備をしてから現地に行っているのかは疑問に感じます。結局のところ、言葉の壁にぶち当たって帰らざるを得ない選手が多いのも事実です。

大前提にチームメイトと話せなければ意思疎通ができません。意思疎通ができなければパスが出てきません。チームメイトと喋ることができなければバカにされるのです。僕はバカにされるのがすごく悔しくてひたすら勉強しました。

彼らからすれば日本はサッカー後進国、サッカーが下手な国からやってきた選手なのです。昔はワールドカップに一度も出ていない国でした。だから、いきなりアルゼンチンに行った僕は「何だこいつ?」という反応からスタート。そこから何とか頑張ってやってきた自負はあります。

コミュニケーションがとれるようになると、監督に自己主張ができるようになります。とにかくありとあらゆることを自分の頭の中で考えて、実践するようにしていました。まだ言葉が話せないときは、自分の思ったことを一生懸命になってやるしかありません。

留学初日の練習では、物を盗まれたりもしました。3日目にはキーパーからいきなりかかと落としを食らったりもしました（笑）。悪ふざけなのか何なのか、意味不明だし、そこで大ゲンカです。まあ、アルゼンチンは子どものふざけ方も大げさだし、過激だと知ったのはずいぶんあとになってからです。

ピッチの中も驚きの連続でした。

みんなサッカーがうまいし、とにかく当たりが激しいのです。日本とはまるで異なるので最初は面食らいました。

日本の選手が相手を抜こうとするとき、ディフェンダーはボールを取ろうとします。だからボールを取るためにどう守ればいいか、という考え方が根底にあります。

しかし、南米の選手は抜かれそうになると、まず体を相手にぶつけて通過されるのを何が何でも阻止します。

ボールが抜かれても人が抜かれなければ問題ない、という考え方なのです。守るときの方法を小さい頃から教わっているから身体の接触が激しいし、だから彼らは小さい頃から筋トレに励むのです。

アルゼンチンの子どもたちは中1からベンチプレスに励む

あのマラドーナも筋トレによく励んでいました。当時在籍していたボカ・ジュニアーズでは、チームのウォームアップのときも、自らクラブハウスに持ち込んだトレーニングマシンを使い、走ってからグラウンドに出てくるというルーティーンを繰り返していたと聞きます。それだけボカでは絶対的な王様で、マラドーナはマラドーナでした。やることなすことすべてを正解にしてきたのがマラドーナなのです。

マラドーナは15歳のときにアルヘンティノスでプロデビューをしていますが、当時は本当に小さい子どもでした。ただ、ある程度は体ができていました。

小学生の筋トレを禁止しているのは日本だけだと思います。アルゼンチンは身長の高低については遺伝という考え方をしています。親が大きければ子どもも大きくなる、という考え方です。スペインもそのような考え方をする傾向にあります。レアル・マドリードでも子どもの親の身長は必ず見ています。

アルゼンチンでは中学1年生のときからベンチプレスにも励んでいます。その年齢の頃から必ずジムに行き、器具を使ったトレーニングをします。レアル・マドリードの場合でいえば、14歳から15歳の頃には器具を使ってしっかりと筋トレに励みます。ピピ（中井卓大）もトップチームの選手たちと一緒に筋トレをやっています。「プールでベンゼマと一緒になって話しかけられた」と言っていましたね。

アルゼンチンにはどのクラブにも坂が作られていて、そこで坂道ダッシュなどをすることがあります。そのあとに錘《おもり》を持ってジャンプをするとか、そういうトレーニングを小学生の頃から繰り返しているので、日本の子どもたちとは瞬発力や馬力が違います。だから、試合でも、行って帰って、行って帰って、というアップダウンに対して点の力強さを発揮します。

対する日本の子どもたちはロングランのトレーニングはよくやると思います。僕も高校のときによくやりましたが、10キロ走のような持久力を引き上げるためのトレーニングです。

アルゼンチンではこれら持久力を引き上げるトレーニングは滅多にやりません。日本は持久力に長けていると思いますが、Jリーガーも力強い当たりや馬力は諸外国に比べて弱い方だと思います。

この違いは大きいし、アルゼンチンの子どもたちは試合を想定してトレーニングをしているのです。試合の後半になると体力が切れてきます。そこで必要なのは、そこでも必死に最後まで走りきるメンタルではなく、走らなければいけないときに効率よく走ることができる力なのです。ここぞというときに120%の力が出せれば、それ以外は休んでもいいのです。

日本では「止まること=休むこと」という解釈が強い傾向にあると思います。ただ、それは間違った解釈です。マラソンなら止まればタイムは出ません。しかし、サッカーは頭の中が止まらなければ試合に勝つことは十分にできます。

一週間の中日の紅白戦にすべてを懸けて準備をする

アルゼンチンでは、小学生だろうが、中学生だろうが、一週間のサイクルが決まっています。月曜日は試合翌日なので軽いフィジカルメニュー。火曜日はがっつりとフィジカルメニュー。水曜日と木曜日で紅白戦を行い、金曜日は軽くセーブして、土曜日は試合。そのサイクルが小学生から大人まで、すべて決まっています。

アルゼンチンの子どもたちにとっては、水曜日と木曜日が勝負なのです。ここで活躍をするために、月曜日や火曜日のフィジカルメニューがあり、水曜日や木曜日のゲーム形式で勝負する。ここで良ければ土曜日の試合に使われる。だからすごく集中する。

アルゼンチンの子どもたちは競争の中で、水曜日と木曜日に勝負を懸けます。だから、みんな水曜日や木曜日は誰もが早くクラブハウスにやって来てストレッチをしているし、その日の紅白戦にすべてを懸けるのです。だからこそ、ビブスが破れるような激しい戦いが展開されます。

一方、日本の場合はシュート練習をやり、試合をやり、といった感じで練習のメリハリがありません。

そして、日本人は休むことを嫌います。休むことは悪いことだと思っている。しかし、アルゼンチンの子どもたちも、練習で激しくやり合いながら、一方でしっかりと休むときは休みます。

たとえば、夏場は最低でも1カ月は休みます。トップチームでも、どんな選手でも、1カ月はまるまる休みます。そこから年齢が上がっていき、ユース年代になったときには1カ月程度。育成年代となれば最低でも2カ月は休みます。中学生までは2カ月はまるまる休みます。

その間、子どもたちは何もやりません。公園で軽くボールを蹴ることくらいはするかもしれませんが、ほとんどの子どもがサッカーをするよりも家族との時間を過ごしながら、サッカーへのパワーを溜め込んでいます。コーチたちは練習が再び始まったときの、体の上げ方などを知っているので、スタートはまったくのゼロでも問題ありません。

しかし、これが日本の場合であれば、まったくのゼロからのスタートというわけにはいかず、何より、ゼロに戻してしまうこと自体に不安を感じ、常に何かをやらないと心配だという感覚に支配されています。サッカーをやっていないとみるみるパフォーマンスが落ちるという捉え方をしてしまっているのです。

■選手たちの身になる本当の指導力とは何か?

指導者のコーチング能力や指導力についてお話をしましょう。

まず、アルゼンチンには日本のようなお父さんコーチが存在しません。コーチたちはサッカーを教えることをすごく学んでいるし、勉強もしています。常に学んでいるから、動いているし、行動しているし、見ています。それから大会も頻繁に開催されるので、そこで色々な国の選手と戦いながら、自分たちの子どもがどうなのかという比較もしています。

一方、日本は島国なので、情報を収集するためにネットに頼ります。しかし、お父さんがFCバルセロナ（バルサ）のサッカーを見て、「バルサのサッカーはこうだったから取り入れよう！」と意気込んだところで、肝心なことがあまりわかっていないケースがざらにあります。たとえば、パスサッカーがすごいからパスサッカーをしよう、そのためにボールを速く動かそう、ここで指導が終わってしまうのです。

これが南米や欧州の指導者たちならば、1から10までしっかりと道筋を立てて説明することができるし、子どもに理解させることができます。

要は何をやるかではなく、誰が、何を、指導するかなのです。

Jリーグの下部組織の子どもたちは、パス回しは世界と比べてもかなりうまいと思います。しかし、ゴールの取り方がわからないから世界で勝ちきれない。要するにゴールまでの道順がわからないのです。だからゴールが奪えない。よく海外に出ていって試合に負けた後に「決定力に差があった」という声を聞きますが、その決定力をどうやって上げればいいのかわかっていないのです。

「シュートはインステップで蹴りなさい」

そんな指導では決定力が上がるはずがありません。
一方、スペインの子どもたちはどうやって決定力を上げればいいのかまで教えられているし、ゴールの守り方も教わっています。この点だけでもかなり違うと思います。

「常に疑問を持ちなさい」ミッチェル・サルガドのリアルなコーチング

スペイン代表やレアル・マドリードで活躍したミッチェル・サルガド。僕自身もレジェンドクリニックなどを通じ、2013年からの付き合いになります。そんなサルガドが、よく〝リアルがない〟と言います。練習内容を与えても、それだけだとサッカーはうまくなりません。サルガドが繰り返して話します。

「常にゲームを想定してやらないといけない。何がどういう状況で起きているのかを理解しないといけない」

日本の練習風景で典型的なのは、シュート練習をするときに、子どもたちが何の疑問も持たずに壁パスからのシュートをやろうとすることです。日本の子どもたちは必ずといっていいほど「これはワンタッチですか？」などと指導者に聞きます。こういう状況を指してサルガドは言うのです。

「自分で常に考えてやる。グラウンドにいるのは自分なのだから、今どういう状況なのか自分

スペイン代表やレアル・マドリードで活躍したミッチェル・サルガド（中央）。レジェンドクリニックなど日本での指導にもあたる。

で理解しないといけない。コーチに聞く前に自分で考えることだ」

与えられたことを自分の中で考えながらやらないから「リアルがない」と指摘されるのです。練習のための練習――よく言われることですね。

日本には練習のときに帽子を被ってサッカーをする子どもがいます。暑いから、お父さんやお母さんが「熱中症になるから」と言って被るのです。しかしながら、夏場に試合をすれば暑いのは当然。それが真夏の日本一決定戦でも、熱中症を心配して帽子を被るのでしょうか。考え方が逆です。子どもを守ろうとすることが、子どものリアルを奪っているのです。

サッカーの試合で人と当たってケガをするかもしれないという光景を見たとき、日本の親たちは「危ないから何々！」と言って子どもを守ろうとします。危ないからといってリアルを恐れ、ぶつかる痛みや転ぶ痛みを知らないと、結局は試合で勝つことはできません。やるのであれば、真剣勝負。がっつりと身体をぶつけ合わないといけません。そこから逃げてはいけないのに親が蓋をしてしまってどうするのでしょうか。サルガドが言う「リアルがない」を真剣に考えないといけません。

ピピ（中井卓大）が9歳でレアル・マドリードの下部組織に入りましたが、あの当時、日本のサッカーでは細かい足技が流行りました。今でもバックステップで後ろに行く子どもがいます。ピピが得意としていたパフォーマンスですが、それを日本では称賛します。

でも、あのピピのプレーをサルガドが見たときにすぐさまこう言いました。

「後ろにドリブルをするような場面はサッカーの試合ではないだろ。そんなことをやるくらいならば、1回のパスをしっかりと通すように努力したほうがいい」

何のためにその練習をやっているのか、もう一度よく自分の頭で考えることが大事だと言っているのです。

「当たり前にやっていることに対して疑問を持ちなさい」

サルガドがよく言っている言葉です。

サッカーを知らない中井卓大を〝一人前のサッカー選手〟にした指導力

ピピも今はもう、後ろに下がるだけといったドリブルはしません。彼の偉いところは、実際に試合では使えないプレーとわかっていても、毎日15分ほど足技のトレーニングを自宅の周辺でやっていることです。感覚として忘れたくないからです。一瞬で囲まれてしまったときに、キュッという細かいタッチで抜け出せるプレーを大切にしているのです。

彼は8歳の時点ではサッカーをまったく知りませんでした。当時繰り返していたのは、サッカーではなくドリブルでした。ただ、そのドリブルがずば抜けていて、8歳のドリブルを6年生が奪い取ることができないほどすごかったから、レアル・マドリードが迎え入れてくれたのです。

ドリブルだけがすごいという状態だったので、最初の1年間はまったく試合に出ていません。ドリブル以外のパスなどを勉強して、サッカー全体を勉強しながら今に至っています。

そうなれたのも、ピピの実力というよりもコーチの指導力だと考えます。コーチが我慢して育ててくれたのです（レアル・マドリードに入団当初は、現ジェフ千葉アカデミーダイレクターのホセ・マヌエル・ララが指導してくれた）。

「サッカーというのはこういうものだからまず見なさい」

そういう順を追った指導で学ばせていったのです。そして練習に入れながら「その瞬間にボールを放すんだ！」「この場面ではボールを放しなさい」などと逐一教えていったのです。

もっと具体的に言えば、たとえば、グラウンドをゾーン1、ゾーン2、ゾーン3に分けて、

「このゾーン3はディフェンスのゾーンだからすぐにボールを放しなさい」

「真ん中のゾーン2は前にボールをつけるか、サイドにボールをつけなさい」

「この前線のゾーン1はドリブルで勝負をしても大丈夫だ」

といったことを全部言葉に書いて説明してくれたのです。どこで、何を、しないといけないか、順序立てて教えていったのです。

たとえば、スペインの子どもたちは7歳の頃からパス練習を始めます。日本の考え方は、まず技術を教えて、技術のある子どもが試合に出る、といった流れでしょう。技術があれば試合に勝てる。1対1で相手を抜ければ試合に勝てる可能性が高い。だから技術が大事だ、と考えている。

しかし、スペインでは「チームの戦術の中で技術を覚えなさい」という考え方なので、まずはパス練習を始めるのです。ボールを止める、そしてパスをする――そういうチームのコンセプトがあり、その中で必要な技術が後からついてくる、という考え方をするのです。

だから、チームのコンセプトを理解できていない選手は試合に出ることができません。その中で能力の高い選手が活躍するのです。日本のようにコーンドリブルを繰り返すなかで、あの子はうまい、という子が試合に出られるわけではないのです。

ちなみにJリーグクラブのアカデミーのセレクションを実施すると、往々にして参加する選手たちのドリブル合戦に終始する光景があります。一度でもパスを出そうものならば、二度とボールが戻ってこないような状況があります。それでも目立つ選手が引き上げられていくことも事実としてあります。

しかし、ラ・リーガ（スペイン国内リーグ）のクラブのカンテラ（下部組織）にはセレクションはありません。練習参加はありますが、ビッグクラブの場合はセレクションがなくて、ほとんどがスカウティングで目利きした選手が吸い上げられることになります。

スペインなどの国ではまだ小さい7歳の頃からプレーできるリーグ戦が実施されているので、そこでのプレーを見ながら引き抜いていくイメージです。

FIFAルールが変わった現状の留学事情

アルゼンチンの場合、10歳の子どもにもお父さんが代理人として付くので、プロと同じような感覚でチーム間の移籍について捉えられる感覚がありますが、日本の場合はそうもいきません。

日本は、まず親同士が移籍をする子どものことを騒いでしまうのが一般的でしょう。アルゼンチンの状況とは異なり、日本では引き抜かれそうになる子どもに対して、関係のない親の嫉妬深さというものが移籍を邪魔してしまうことが少なからずあります。

また、チームとしても優秀な子どもを別のチームに送り出すことに抵抗がある場合がほとんどです。アルゼンチンでは引き抜かれる子どもを輩出したことが評価されますから、日本とは真逆です。良い選手を輩出することで評価され、その評価を聞いてまた良い選手が入って来ては、やがてまたステップアップしていく好循環が生まれるのです。

久保建英選手のように、日本の親同士やチームのしがらみの中に入る前に、小さい頃から海外へ渡ってしまうのも一つの方法でしたが、今はFIFA（国際サッカー連盟）も小さい子どもの青田買いについて相当厳しいので、現状ではその道を模索するのは難しいと思います。留学はできますが18歳まで試合に出ることができないので、色々と考えなくてはいけないのです。

FIFAのルールに引っかからない国も存在します。アルゼンチンであれば2軍戦のような試合に出ることができます。しかもパスポートがあれば試合に出ることができるのです。

たとえば、僕が留学生をアテンドしているUAEのドバイでは、FIFAに属するリーグではなく、独自のリーグを作っているので、ここでもパスポートさえあれば、試合に出られるのです。そのような国々も結構あるので、「海外に渡ると試合に出ることができない」と一概に言うことはできません。ただし、FIFAの管轄では絶対に18歳以下は試合に出ることができないというルールです。

FIFAのルールが変わったことに対して、試合に出られる国に連れていくか、あるいは、親が一緒に付いて行ってしまうのか。ただ、現実はかなり難しいところです。親が同伴する場合は厳しい条件がくっついてくるので、あまり考えないほうがいいかもしれません。

試合に出ることができる国に行くか、我慢して日本に留まるのか、この二択になると思います。たとえば、中学を卒業してから高校年代で当初の2年間は現地に行き、17歳になったらチームを探し始めて、18歳の誕生日に契約をして試合に出る、といった構想はアリだと思います。

高校年代になってすぐ現地に行き、言葉を覚えることに時間を費やす、という選択肢を取る選手も結構います。

昔よりも海外を志望するタイミングが早くなってきたことも確かです。昔は18歳でどうするのか決断することが当たり前でしたが、今は15歳で決断することが当たり前になってきました。

それと同時に日本は通信の学校が増えています。高校の通信教育は簡単に入学できるし、年に数回だけ登校すれば単位が取れる高校もあるようです。それで高校の卒業資格を取得できるので、高校の選択肢やその考え方もかなり柔軟になってきて、子どもたちが海外へ出ることも出やすくなってきました。ただし、高校を卒業だけすればいいというわけではないし、やはり、しっかり勉強はしないと自分の力にはならないので、そこは手を抜かないでやってほしいです。

■9歳か10歳の頃にサッカー留学を考えるのがベター

サッカー留学をするならば、年齢的に早ければ早いほどいいです。もちろん、日本語がまだわからない、習得が不完全な年齢のまま海外へ出てしまうのもそれはそれで心配ではあります。あまりに海外へ出るのが早過ぎると日本語よりもスペイン語を先に覚えてしまうのです。

語学は、日本語がしっかりわからないと外国語もしっかり喋れるようにはなりません。日本語を第一言語として土台になるまで覚えてからその次にスペイン語を覚える、という段取りを踏まないと日本語もしっかり喋れない状態になりかねないので注意が必要です。

そう考えると、9歳から10歳の頃に海外へのサッカー留学を考えるのがいいのかもしれません。近年はそういう子どもがたくさんいます。この1年だけでも短期留学も含めれば年間で1000人ほどいます。みんな頑張っています。

ただ、それは日本のごく一部で起きていることかもしれません。僕の周りにはそういう子どもたちが、あまりにもたくさんいるのでそう感じるのだと思います。小学生の低学年で海外へ1人で渡航するなどということは、おそらく日本全体でいえば1%にも満たないでしょう。世間の常識からすれば、僕の周りの子どもたちが海外へ飛び出していくときのスピード感は、格段に速いと思います。

そういう子どもたちのサッカーレベルはやはり高い。海外に留学する決断をするくらいですから、親も真剣に考えているし、子どものサッカーのレベルもある程度でなければ飛び出していく決断もできないでしょう。

ある程度のレベルには到達していて、海外の指導者のコーチングにも慣れていて、そしてメンタルも強い子どもが多いという傾向はあります。小学生の低学年という段階において、親がすでにそばにいない環境を経験していることが、成長において大きな影響を与えていると思います。誰も助けてくれない中で、全部自分でやらないといけない。そういう環境で揉まれることは本当に大きな経験となります。

幼少期に海外留学をすることで得られるメリットとは？

9歳や10歳の頃からサッカーで海外留学をするメリットと言えば、しっかりサッカーを覚えること、そして、言葉を覚えることが挙げられます。その他は、自立性、積極性などが全然違ってきますね。

日本の子どもたちは人に意見を聞くし、待つ姿勢の子どもが多いと感じます。中学生の年代になると、意見を求めてもとりわけ手を挙げない傾向が強いです。ほとんどの子どもが周りを見ながら様子を覗ってしまうのです。友達や先生の顔色を気にしたり、親に聞いたり、自分が正しいということに自信が持てないのでしょう。

これが海外に行ったときには、自分が正しいと思うことをやるしかなくなるのです。まず自分がやらないと誰も手を差し伸べてくれない環境下に身を置くことになります。そういう意味で、人間的な成長があるのだと思います。その意味で、サッカーを辞めた選手たちが独立して何かを始めるケースも多々あり、どこかに所属して働くよりも、何かを自分でやってやろうという選手が非常に多いのかもしれません。

逆に言えば、日本の環境はあまりに整い過ぎているので、そういう子どもがなかなか出てこない環境だと思います。学校もすべてが整っている環境。与えられる環境下で、決まっていることを何の疑問も抱かずにやっているだけなので、常識を疑うことを知らない大人になってしまうのです。

海外の子たちが「これ、おかしいんじゃない？」と思ったときには意見をしますし、常識を常識と思わない視野や価値観を持っていると感じます。でも日本の子どもたちは「これはこうなんだね」「これはこう決まっているんだね」と受け入れてしまって疑おうともしない傾向が強い。これは大きな差だと思いますね。

試合の前日に親がユニフォームを用意するのは日本だけです。息子が恥ずかしい思いをするからと気を利かせて準備してしまうのですが、果たしてそれでよいのでしょうか。

サッカー留学を経験すると辞めたあとの人生が豊かになる

僕が留学支援を始めた理由は、究極として、サッカーを辞めた後の人生が必ず豊かになるという確信が根本にあるからです。

サッカー選手は、サッカーしかやってこなかった人もいて、多くの選手たちが引退してから苦しむ光景を目の当たりにしてきました。

僕はこう思っています。サッカー選手を目指す子どもたちが海外に行くことで、サッカーがうまくなってもらいたいし、プロになれる選手は必ずプロになれると思っています。才能がある選手はどんな道を歩んでも必ず芽は出てくるものだからです。

しかし、現実は、プロになれない選手がほとんどです。では、その選手たちがその後どうなるのか。一つ言えるのは、海外の言葉を話せることは大きな武器としてその後に活きるということです。

それから、海外にいくと視野が広がり、日本では見えないものが見えてくるので、その視野の広さが帰国してからの生活に活きます。海外に出てプレーしていた選手たちは、現役を引退したあとになって人生が豊かになるという印象を僕は持っています。

日本は考え方がすごく窮屈で、自分自身が身を置いたところがすべてになってしまうところがあります。

たとえば、入社した会社がすべてという状態です。

しかし、一度でも外に出たのであれば視野が広がり、それまでの自分がどうして狭い世界にこだわっていたのか、と気づく方も少なくありません。

狭い世界と、もっと広い世界とその二つの視点を持っているだけでも、その後の人生を生きやすくなるのだと思います。

僕の場合は、アルゼンチンへのサッカー留学を経て、その経験があったのもあり、サッカーの繋がりがたくさんあったからサッカーというツールを使って引退後の人生に活かしてきました。そのツールを通して、色々な選手が海外に行きました。彼らがプロになってくれればそれは素晴らしいことだし、才能のある選手はできる限りのサポートをして、プロへの道を探っていきます。

ただ、繰り返しになりますが、ほとんどの選手たちはプロになるのは難しいので、だからこそ、そのときに何が残っているのか、海外に出て行った選手たちが何を持って帰って来るのかを大切にしたいと思っているのです。何が何でもサッカー選手にするというよりも、サッカーが終わってしまった後に豊かな人生を獲得してほしいという思いが強かった、というのが留学支援を始めた大きな動機になっています。

1年間のサッカー留学でそれまでなかった思考や視野を手に入れられる

今現在、会社を設立して14年目になります。数はもうわかりませんが、本当に多くの留学支援をしてきました。子どもたちを世界中に連れて行きました。ヨーロッパはもとより、アフリカにも連れて行ったし、つい先日はアメリカにも行きました。地球上のほとんど、ありとあらゆる国に子どもたちを連れて行きました。

子どもの中には1年ほど長期で留学をする子どももいます。一方、短期留学の場合は1週間から10日程度、その他に1カ月、2カ月など子どもによって期間はバラバラです。

留学支援をしてきた肌感覚でいえば、最低2カ月ほど留学してほしいという思いはあります。というのも、1カ月程度では変化があまりわからないところがあるからです。あまりに留学する期間が短すぎると、日本に帰国したあとに元の生活に慣れるのも早いからです。日本に帰ってきて「アルゼンチンは良かったよ」と言っている選手もその後1カ月も経過すればもう元通りです。

ただ、2カ月ほど留学すれば、少しは違うと思います。自分の中にある思考が変わったり、視野が変わったり、というのを体感するのが約2カ月くらいなのだと思います。

自分が見た世界があり、その感覚を自分の力にするのは簡単ではありません。大事なのは、海外にいる期間にその国を理解することだと思います。

1年も留学できるのならば、思考も視野も全然違うものを手に入れることができると思います。そういう子どもと話をすると、この子はわかっているな、この子はちょっと違うな、というのがすぐにわかります。わかっている子どもからは「こういう解答がくるのか――」と驚かされます。日本の子どもとは視野の広さが違うし、親に対する接し方も変わります。海外に行けば、いつも親にやってもらっていることが当たり前ではないことに気がつくので、親に恩を感じることになります。そういう子どもがすごく多いです。

■1年間の留学経験をすると99%が日本からいなくなる

海外への留学はメリットだらけのように思えますが、学歴という部分で、やはり親は恐れて、心配しています。学歴が取得できない場合、夢が叶わなかったときにどうなってしまうのか――。そんなふうにほとんどの親が「失敗したときはどうするんですか？」などと必ずリスクについて聞いてきます。子どもに対しても「ダメだったらどうするの？」と顔色を覗います。

しかし、物事はやってみないとわかりません。やってもいないうちにそんなことを言うのは、日本の親だけです。南米の親たちは我が子がサッカー選手になるためにすべてを尽くします。

「ダメだったら、そのときに考えましょう」

そういう思考なのです。

たとえ10歳のときに海外に1年間留学をして戻ってきても11歳。まだ学歴について考えることもできる年齢ではあると思います。

ただし、もし10歳で1年間も海外での生活を送るような経験をしてしまえば、99%の子どもが中学生になったときには日本にはいないでしょう。日本にそのままいても絶対にプロになれない、海外の環境でサッカーに励まないと時間がもったいない、という考えになるのかもしれません。日本に帰ってきてから日本の指導に苦しむ子どもが多いのも事実なのです。

「何言ってんだ、この人？」

シンプルにそう思ってしまうのです。僕はそういう相談をよく受けます。ディフェンダーに「ドリブルを頑張れ！」などという指導はまず考えられませんが、指導者はそれが正しいと押し通します。その理由を説明できず、ただ単に「これが正しいから」と言い続けるのです。走れ、がんばれ、といった精神論に通ずる言葉掛けが非常に多いことに気がついてしまうのです。

スイッチが入ると「日本にいたら時間がもったいない」という感覚に

高校生の頃になると子どもが「海外に行きたい」と言えば、親として送り出すほかない状況が多いと思います。ただ、まだ小学生のときは「あんたにはまだ実力がないでしょ」「まだ早いわよ」という口実を付けて、親がコントロールできる部分はあります。

それでも子どもがまだ小学生の時点で、その親が海外留学に積極的になっていくのは、スイッチが入る瞬間があるからだと思います。1回そのスイッチが入ると、親としても「日本にいたら時間がもったいない」となります。子どもが日本に帰ってきたときに、かなりの変化を感じるので、そこでスイッチが入る人も多いのです。

最初の頃は、お父さんが子どもの背中を押しています。一方で、お母さんは現実的な見方をすることが多いですね。両親がそこで葛藤して、お父さんが勝てば行かせて、お母さんが勝てば行かせない、という結論になります。

最初に海外遠征に行くときに親が一緒についていき、そこで海外の育成年代のサッカーや指導の仕方が日本とはまったく異なることに気づき、その後の海外留学を両親が揃って後押しするというケースも多々あります。

子どもが遠征から戻ってくるたびに、それまでやったこともなかった片付けや皿洗い、荷物のパッキングも自分でやるようになるなど、子どもの成長を感じることも大きなきっかけになります。

あとは、子どもが何か必要なものを入れ忘れることを怖がらないようになります。「なんとかなる！」という感覚が持てるようになるのですが、それが大人になったときに活きてくるのです。失敗しても「なんとかなるよ！」と思えるかどうか、これがその人の強さに繋がるのです。

スペインや南米以外の地域の留学事情について

ここまではスペインや南米の事情をお伝えしてきましたが、他の地域のお話もしたいと思います。

アフリカはどの国も引き抜かれていく選手が非常に多いです。アフリカの選手をヨーロッパに連れて行くというエージェントがかなり増えています。昔の時代はそれほどいませんでしたが、今はまるで異なります。たとえば、ガーナからフランスに連れて行くエージェントが多いです。

また、時代が変わり、アフリカもしっかりしているクラブが増えました。ガーナのライト・トゥ・ドリームというクラブがあり、そのU−16のチームが毎年日本に遠征で来ています。そのクラブはたくさんのプロ選手を輩出しているのですが、アフリカ中から選手をスカウティングして、クラブで育てて、海外へ売っています。日本で開催するインターナショナル・ユースカップに参加する彼らのプレーを見ても圧倒的に強いです。

ドバイで毎回開催されているインターコンチネンタルカップU−13では、バルセロナやレアル・マドリードがまったく相手にならないほどに圧倒されました。身体能力が高すぎて、戦術で対応しようとしても追いつかないのです。戦術でボールを回すよりも彼らの身体能力が高くて上回ってしまうし、相当に寄せが速い。だから、どうしようもないという状況がありました。

インターコンチネンタルカップの決勝はアンゴラ対ガーナだったことが物語るように、それほどアフリカの国々は伸びてきています。

アフリカの選手たちは身体能力が高いのですが、ポルトガルやスペインから育成の指導者が渡っていって指導しているので、サッカーの十分な知識が加わっています。アンゴラにも僕の知り合いのスペイン人指導者が行っていたし、ライト・トゥ・ドリームの現状の指導者はほとんどがスペイン人なので、選手たちがスペイン語でコミュニケーションが取れるほどなのです。元から備える身体能力に質の高い指導力が入り、さらにエージェントが目をつけてヨーロッパに売りに行く。これがアフリカが伸びている理由だし、今後も間違いなく伸びていく地域です。

僕もアフリカには4回ほど行きましたが、アフリカの強さの根底にはお金がないという事情があります。サッカーでのし上がるほかないのです。彼らには時間が有り余っているので、とにかくサッカーに打ち込んでいます。日本の選手たちはアフリカの選手たちとヨーロッパでの活躍を争うわけですから、相当脅威だと思います。

現在、アフリカでも経済成長が著しい国もあり、サッカーは結局お金があれば成長できる側面もあるので、お金を持っている国は伸びています。

スペインのほとんどのクラブには中国マネーと中国人の姿が

一方、経済大国である中国は、すべての学校の強化科目として体育にサッカーを指定しています。だから男女とも全員が授業でサッカーをやらないといけません。国を挙げてサッカーに取り組んでいるということです。

また、中国はスペインリーグに進出しています。セルタではすべてのカテゴリーに中国人の練習生がいます。アトレティコ・マドリードでは、エスタディオ・メトロポリターノ（アトレティコ・マドリードのホームスタジアム。2017年設立。収容人数約68000人）を建築するためのスポンサーになる代わりに、150人ほどの中国人がアトレティコ・マドリードの指導者たちに育てられています。そして中国人がスペインで独自リーグを作ってやっているので、もうFIFAの管轄でもなく、関係がありません。お金さえあれば何でもできるので、もうイケイケですね。

今やスペインのほとんどのクラブに中国人は関わっています。レアル・マドリードやバルセロナにはおそらく中国人はいませんが、アトレティコ・マドリードやベティスなどのビッグクラブにも中国人が関わっています。

そうすると代表チームが強くなるのも時間の問題のように思えるのですが、現状ではあまり強くはなっていません。とはいえ、サッカー強化のシステムとして非常に正しいことをやっているとは思います。国や投資家がお金をつぎ込み、そこに子どもを送って強化を図るというのは育成の早道であり王道です。現在、エスパニョールのトップチームに中国人のウー・レイがいますが、ちょっとずつ成果は出てきているのかもしれません。

彼がいるエスパニョールは中国の企業が買収し、それからウー・レイが加入したという流れでした。中国人というのは、まずクラブにアプローチをかけて買収するなりして、それから選手を加入させるやり方が目につきますね。お金にモノを言わせて、なんだかなぁ、なのですが(笑)。しかし、サッカーの世界はそういうもの。今後、中国は成長すると思います。

■力のある選手の復活の舞台であるアメリカのショーケース

アメリカもお金がある国なので様々なところが力を入れています。アメリカの場合、有名なサッカー選手がクラブを保有し始めました。デイヴィット・ベッカムしかり、バスケットボールの選手もサッカークラブを保有しています。個人単位でクラブを買収しているのです。

アメリカでは、チームに加入する選手はメジャーリーグ同様、ドラフトで獲得します。また、大学のピラミッドがしっかりしています。大学がお金を払いながら優秀な選手を育て、ドラフトにかけて売るのです。プロ契約が結ばれれば、大学にお金が戻るというシステムなので、日本とはかなり違います。

アメリカは選手を獲得する際、数人にのみ多額を出すことが許されるというルールがあるので、若手が育つだけの土壌があります。

アメリカの大学にはショーケースというシステムがあり、たとえば、スペインでプロになれない選手たちはアメリカの大学に行き、そこからプロになるケースもあります。

昨年、スペインで初めてラ・リーガがスポンサーになる形でショーケースが実施されました。カンテラからトップチームに上がれない選手が集まった会場に、アメリカから指導者が40人ほど来てしっかり見ていました。その中で優秀な選手をアメリカに連れて行き、お金も全部大学から出しながら育てて、プロにしていきます。

ただ、アメリカに渡るための条件として、最初から英会話ができないといけません。であれば、たとえば、高校1年生のときにアメリカに渡り、目を付けてもらい、それから帰国してしっかり勉強し、高校3年生で再びアメリカに行くのもありでしょう。

中東ではカタールとUAE、サウジアラビアにはオイルマネーがあるので、サッカーに力を入れています。

UAEも2019年のアジアカップ（UAE開催）でベスト4、カタールは決勝で日本を破って優勝しました。アジアは日本が絶対的に強かったのですが、今や中東勢が強くなってきている、という現状があります。

カタールなどは資金力があるので色々なものを動かすことができます。たとえば、パリ・サンジェルマンにいるビックネームの選手の何人かの給料は、クラブは1円も払っておらず、カタールが全額払っています。

資金が豊富な国が、ついにサッカーに目を向け始めたので、自ずと強くなってきたということです。優秀な指導者を自国に呼び、中国同様に強化を図っています。日本の指導者も相当数が中国に行っています。それだけ、アジアの国々がサッカーに力を入れ始めてきたということです。

アジアカップで日本はカタールに決勝で敗れましたが、UAEのドバイのコーチ陣に言わせれば「あれは日本が勝って当たり前の試合。日本が酷かった」とのこと。ああいう場面で大敗してしまうのが日本というか、日本人。よくドバイのコーチ陣からも言われました。

■日本の課題の一つは指導者が海外で学ぶ機会がほとんどないこと

他の国が色々とアクションを起こしている中、日本は何も変わっていません。昔から続くジュニア年代の少年団制度は変わっていないし、お父さんコーチがサッカーを教えています。

結果、A代表は世界で勝てない。

このままでは、アジアでも勝てなくなるでしょう。

メディアが持ち上げても、現実は勝てていないのです。その現実をずっと繰り返しているだけなので何かを変えないと先がありません。

指導者が海外に出ていって学ぶという機会がほとんどないのがよくありません。日本の指導者は忙し過ぎて学べないという現実があるのです。これがスペインの場合ならば、指導者には1年間のうち1カ月や2カ月といったまとまった休みがあります。

ところが、日本人の指導者たちは学ぶためのベースになるものは動画、あるいは、来日した外国人指導者の講座がすべて、という状況に陥ってしまうのです。そこで受けた刺激の余韻でその後の3カ月間、子どもを指導するという現実。それほど学ぶ場所が少ないという状況が蔓延っています。

若き指導者が自分自身の経験則で指導してしまう悪循環

もう一つ課題として挙げないといけないのは、Jリーガーが引退したときに、まずアカデミーのコーチになることです。アカデミーのコーチがその次にどうなるかというと、今度は監督になるのです。つまり、スクールコーチ→ジュニアユースコーチ→ジュニアユース監督。その繰り返しなので、元をたどると、指導しているのは結局元選手なのです。元選手と指導者は全く違います。選手は技術を教えられるかもしれませんが、子どもにサッカーを教える、伝えるのは別の話です。選手あがりの人たちがローテーションで監督になって教えていると、指導のアップデートができません。彼らは〝指導〟を学ぶことなく子どもたちを指導しているのです。

自分たちは「こうやって育ってきました」「これで勝ってきました」「だからこれが正しい」、と――。確かに、その原理は日本では通用するかもしれませんが、海外に出たら全然勝つことができなくなります。海外遠征に行って負けたとします。「じゃあまた一から頑張りましょう」という段階になっても、子どもたちは次のステップを学ぶことができません。すると元選手である若き指導者が、自分であれこれ考えながらも、結果として子どもにとって正解ではないものを植え付け、その環境下で子どもたちが育っていくのです。

一番必要なのは、指導者が学ぶということです。たとえば、海外のクラブと提携しているクラブは結構あります。Jリーグでも横浜F・マリノスとイングランド・プレミアリーグのマンチェスター・シティが提携していましたが、日本の指導者がマンチェスター・シティに行って指導者として経験値を積む、といった交流は聞きません。

指導者が指導できないのが、日本の最大のマイナスポイントです。高校サッカーは学校の先生が指導しているケースがまだまだ多いですが、他の国では学校の先生がサッカーを教えることはありません。これは日本独自の文化です。

高校サッカーで30年、40年というキャリアを積んでいる先生たちは名将と言われます。名将は名将かもしれませんが、それは高校サッカーという舞台のみの名将です。その先生をさらにメディアが持ち上げるので、世間は錯覚を起こし、さらに持ち上げることになるのです。

育成年代の移籍の流動性を高めないと世界と勝負にならない

高校サッカーの一番の問題点は、学年単位で区切られた環境が3年間続くということです。Jリーグユースの選手が途中から高体連に移籍するケースもありますが、もっと頻繁に活発にならないといけないと思います。

高校年代の選手たちが1年ごとに移籍ができれば理想的です。プロと同じような環境を高校年代のうちから経験できるとすればメリットに他なりません。他の国であれば、プロと同じように育成年代は1年ごとに移籍が活発に行われる、つまり、育成年代のうちから毎年競争する環境に身を置いているので、大きく成長していくのです。

日本だけはプロとは異なる環境があり、ジュニアユースやユースは3年という時間がもらえることが前提になっています。諸外国と日本のその点の差も大きいのではないでしょうか。

ただ、昨今はJリーグの育成チームを途中で辞める選手が増えている傾向にあります。Jクラブ下部チームの選手が辞める理由は、プロにはなれるけれど世界では勝てないと知ってしまったからです。俺は世界で活躍をしたい、この環境では無理だ——そんなふうに辞める選手が出てきたことは時代がよりグローバルになった証拠です。ひと昔前はJクラブの下部チームに入ることができれば正解、あとは頑張ろう！　という一択だった傾向が、今はその選択肢をしっかりと疑える状況になってきたことは大きな前進です。

やはり、久保建英選手や中井卓大選手がバルセロナやレアル・マドリードの下部チームに籍を置き、しっかり成長している影響は大きいと思います。久保選手の状況については詳細には知りませんが、ピピを例に挙げれば、まだ幼少期の頃はピピと同じくらいのレベルの選手はたくさんいました。でも、ピピは実際にレアルに行って籍を置いたことで化けたのです。ピピと同様、他にも何人か同じような状況の選手がいましたが、実際に海を渡ったのはピピだけでした。もちろん、籍を置いたのがレアル・マドリードだから良かったという言い方はできるかもしれませんが。でも、チャンスだと感じたときは、早い、遅い、という問題ではなくて、思い立ったときに行くというのが大事です。

成長のために不可欠なのは良い指導者との出会い

ピピがレアル・マドリードに加入してから得たものが物語っているように、日本サッカーに必要なものは、引き上げてくれる指導者の力です。やはり、それが大きい。

日本にも良い指導者はいると思います。ただ、日本の中の良い指導者という意味になります。ある選手が育っていき、プロになって海外に羽ばたいたとします。すると、結果的にその選手を育成年代のときに指導していた〝良い指導者〟という扱いをされます。

しかし、もしもその選手が先に海外に渡って、たとえば、レアル・マドリードの下部チームの指導者に指導されていたら、もっと成長していたかもしれません。必要なものの究極論は、やはり出会いであると思います。

日本でプロになろうとすれば、今は大学に行くのが一番の近道と言われています。しかし、海外では22歳でプロになるというのはあり得ません。海外では、22歳であればもうプロとして2年目、3年目という状況になっていないといけませんし、日本とはまるで異なります。

常に競争できる環境に身を置くことで自身の旬を維持する

僕から子どもたちにアドバイスをするとすれば、常識を疑うことです。そして、常に競争の世界に身を置くことがプロへの近道となります。常に競争力のある環境にいないとプロになるのは難しいでしょう。

やはり、サッカー選手には魚と同じで旬があるのです。今の瞬間は輝いていても1年後にはパフォーマンスが落ちてしまうかもしれない。ずっと良い選手でいられる保証などはなく、常に競争できる環境に身を置き、切羽詰まっていないと旬の長さをキープするのは難しいし、プロになることも難しいと思います。

常に競争できる環境といっても、部員数が400人を超えるような部活動に身を置くという意味ではありません。部員が400人もいる全国的な強豪校のネームバリューに惹かれて行くようなことはやめて、まずその学校をよく分析し、加入したときに果たして上までいけるのか、という思慮深さも大切かもしれません。

年齢的なことを言えば、ジュニア年代の最終段階となる12歳までは、どんな環境にいてもあまり関係ないと思います。これまでも12歳までチームに所属していなくても、その先の年代で活躍している選手をたくさん見てきました。逆に言えば、12歳まで自由に楽しくやっている子どものほうが、むしろ、中学生になったときに一気に伸びる可能性を秘めていると思います。

僕のアルゼンチンでの経験から言えることですが、サッカー選手はストリートで育つほうが一番強くなれると感じます。公園などで自由にボールを蹴っている選手ほど伸びるし、伸びしろがあるように思えます。だから、12歳までは刺激を与えておけばいいと思います。

子どもがチームを移籍することに抵抗を感じる必要はない

日本のお父さんたちはサッカーを知らない人がほとんどで、本物のサッカーを見る機会も極めて少ないのだと思います。そういうお父さんに限って自分の息子の動画をネットにアップしている人が多いように感じます。

しかし、それは子どもの足を引っ張ります。結局は、プレー動画は見る人が見れば実力がわかります。ほとんどの動画がドリブルで抜いてからシュート、といった内容ばかりです。それでは引き上げられることはほぼないと言っていいでしょう。

これに関連して、子どもの移籍について言えば、チームを移籍する抵抗感はあまり気にしなくともいいのではないでしょうか。チームに加入して1年が経過したけれど「ここでは成長できない」と思うようならば、移籍を決断したほうがいい。もっともダメなのは、そのチームで一番うまい選手になって満足してしまうことです。そのまま競争もなく時間を過ごしてしまえば、成長は止まってしまいます。

子どもが移籍したいと言っているときに、親が「チームにも迷惑がかかるから」と引き留めてしまうようでは、子どもはプロになることはできません。そこは割り切り、周りから嫌われようが強いチームにどんどん移籍していっていいと思います。

6年生の最後の大会で敗れたときに手元に残るものが何もない、という状態になるほうが非常に厳しいと思います。友達が大切なのはわかります。しかし、それ以上に自分の夢はもっと大事なのでは？　それを親が子どもに説明すべきです。そして次のステップへと導くことができるのではないでしょうか。

本来、親が子どもの成長を願い、移籍を提案してあげなければいけない立場にあるのです。本人が上のレベルに行き、もっとうまい選手とサッカーをプレーしたほうが成長できるし、楽しいと思えるのは間違いないのですから。

▒スペインの強豪クラブの指導者は毎年入れ替わる激戦区

指導者も引き抜かれることがあります。良い指導者は引き抜かれるし、ダメならクビを切られる。上に行けば行くほど顕著な傾向があります。スペインを例に挙げれば、強いクラブほど指導者は毎年のように入れ替わり、その頻度も激しいです。

よって、指導者は自身が成長するために日々勉強を続けなければいけません。スペインには7歳から常にリーグ戦を実施する環境があるので、毎週色々なチームを見ることができます。ビデオを撮って分析もできます。勉強するために練習映像を見られる環境もあります。

また、ヨーロッパの国々は隣国が近いので頻繁に遠征します。そういう機会を使って、各指導者はいろんな国のサッカーを生で見ることができるのです。日本は島国なので海外へ飛んで勉強することに対し、根強い抵抗感もあるのでしょう。

スペインのサッカー指導者たちは常にサッカーの映像を見て、サッカーの勉強をしています。一方で、日本の指導者に「今のバルサのサッカーは何ですか?」と質問すると「パスサッカー」と答える方が多いと思いますが、バルサのサッカーは5年前と今とでは全然変わっています。その流れを見極めて説明できる日本の指導者は少ないと思います。そういうのが指導者の差なのだと思います。

第2章

まだまだ知られていない世界との大きな差

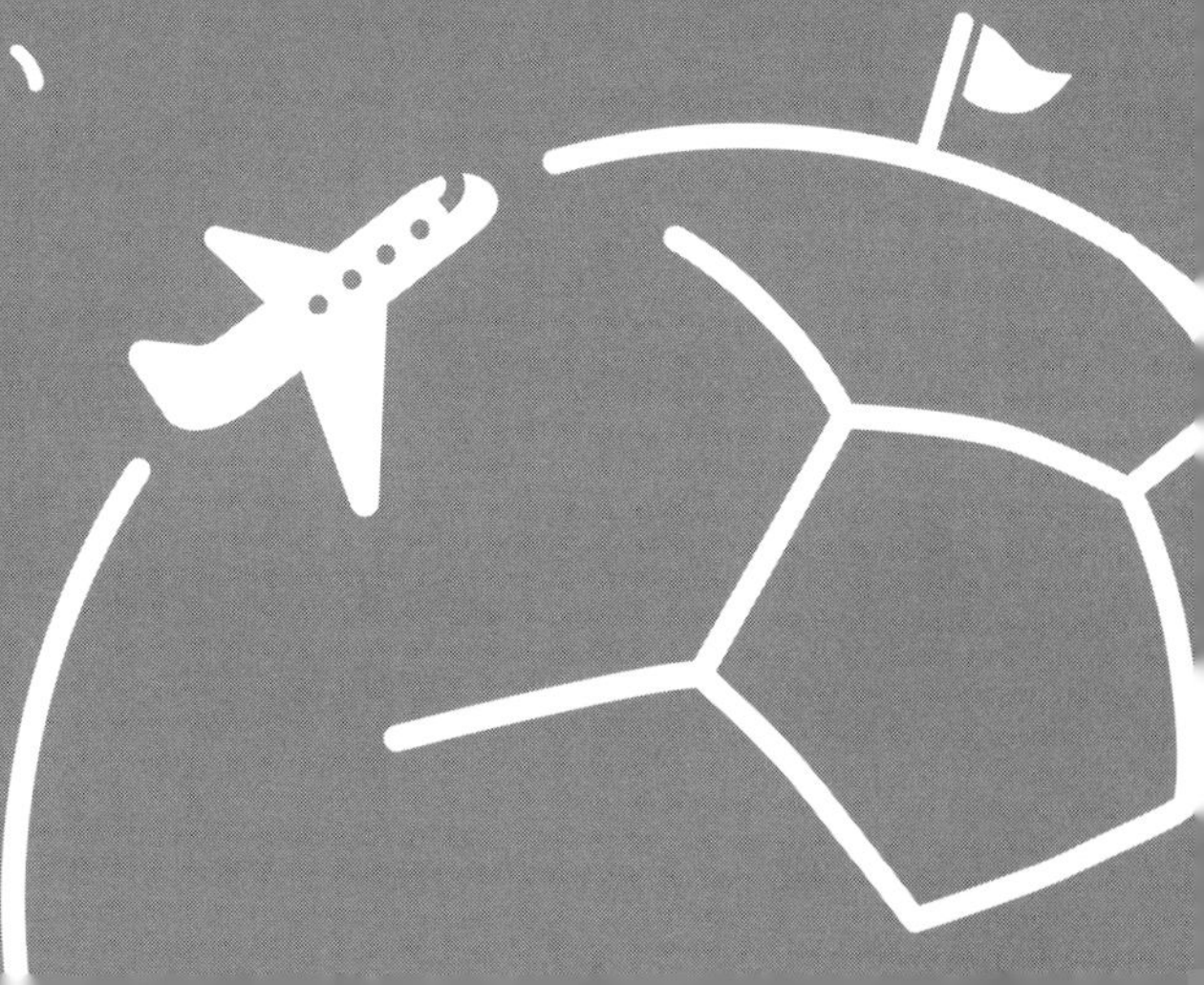

日本と海外の選手たちの本当の差とは何か？

日本人の攻守におけるお粗末な1対1

実際のところ、日本人選手はポテンシャルが高いのですが、育成については課題があると言わざるを得ません。

日本は練習内で技術を高めることを非常に重んじます。高校サッカー選手権大会に出場するチームを見ても、ドリブルを多用するチームがあります。それが、どんな場所であろうとも、です。

サッカーは、グラウンドを3つに分けて考えるのが基本です。ディフェンスのゾーンや中盤のゾーンでドリブルで仕掛ける世界の強豪国はありません。しかし、日本にはどのゾーンでボールを持とうが、とにかく前へ前へ進もうとするチームがあります。ボールを後ろに下げることなどほぼなく、前へ、前へ行く。そうするための技術レベルは高いのですが、戦術の理解は乏しいと言わざるを得ません。

世界のレベルは、他のアジアの国々も含めて、だんだんと上がってきています。が、日本はとりわけ育成年代はどうしても高校サッカーが相変わらず主流であり、そこにスポットを当ててみんなが称賛します。メディアが持ち上げるので、高校サッカーに憧れる選手たちが多数います。高校サッカーで上位を争うチームを見た指導者が「あれが正しいんだ。ああいうサッカーをしよう」となるので、高校サッカーの中で完結してしまう知識が延々と繰り返されることになります。

これでは悪循環にハマっていると言わざるを得ません。高校サッカーを主流としている以上、結果として、世界で勝つことはできないのです。

一方、1対1の守備の対応についても日本と海外では明確な違いがあります。日本人の場合、人とボールが抜かれてしまったらそのまま突破を許してしまうケースが多々ありますが、これが南米であれば、ボールが抜かれても人だけは通過させないための方法を選択してファウルをしてでも止めるのです。

そもそも、日本人は1対1の距離感がすごく遠いので、明らかに世界と差があります。Jリーグを含め、日本は相手に対して寄せる時の最初のディフェンスの位置が遠いので、「相手に寄せたとしても相手の前に立っているだけなのでまるで意味がない」と海外の指導者たちから再三指摘されてしまいます。

日本の子どもたちが南米に行ったとしても、最初は全然何もやらせてもらえないでしょう。まず1対1の距離感が全然違うことに驚かされます。南米の1対1はもう少しガツンと身体をぶつけながら激しくいきます。少なくとも自分の足が相手に届くところまで寄せないと意味がないと理解しているのです。

でも、日本の場合、相手にある程度寄せさえすればOK、ボールを回させていればOK、というような暗黙の了解があります。そもそもの考え方が間違っています。これではいつまで経ってもボールを奪うことはできないし、ボールを奪う能力は身につきません。

ひたすらプレスをかけることを是とする日本人

日本人の場合、相手をゴールから遠ざけた位置で守れば大丈夫だ、という考え方が浸透している節があります。だから、守備をするときはひたすら前へ、前へ、と圧力をかけていく傾向が強いのです。

しかし、南米では真逆の考え方をします。相手が自陣のペナルティエリアに近くなればなるほど選手同士の距離感が詰まるのだから相手のミスが起きやすい、という考え方をします。だから、ボール奪取エリアがかなり自陣寄りになるというデータが出ています。我慢して我慢して相手のミスを誘おう、狭いエリアでボールを取ろう、その後にしっかりとつないで前にボールを出そう、という考え方です。

一方、日本人は自陣のゴールに相手が近づけば近づくほど怖いので、前へ前へとプレスをかけて追い込んで取りましょう、そのためにラインを上げましょう、というまったく逆の考え方をします。

だから、プレスに行くけれど交わされることも多いのです。技術がないクラブならまだしも、世界トップレベルの試合で前からプレスをかけたところでまず奪えません。なぜなら当然のごとく相手の技術レベルも高いからです。ファーストタッチの判断が適確なので、どんなにプレスをかけても交わされてしまうのです。

日本の場合、1対1の守備の対応で海外のような共通理解がないから、攻撃のときでも守備を容易に突破できてしまう傾向があります。だから、南米や海外に行ったときに、日本では通用していた攻撃がまるで通用しないという状況に出くわすのです。

「シュートで終わる」のではなく「シュートは決める」ために打つ

日本人の1対1の典型として、1対1は仕掛けるのですが、シュートまでいかない傾向が非常に強いです。そのため、日本では「シュートで終わりましょう」という声掛けがよく聞かれます。曰く、必ずシュートで終わろう――。

しかし、これは大きな間違いです。シュートを打てるから打つのではなく、シュートが入るのであれば打てばいいのです。

たとえば、攻撃側が数的不利な1対2の状況で相手のゴールが近くまで迫っていました。ボールを持っている子どもはシュートを打ったのですが、しかしサイドにはもう1人、フリーになっている仲間がいました。このときに必要な声掛けは、強引にシュートを狙わせることではなく、「この子を使おう！」といった、確実にゴールを決められる選択肢を子どもに持たせることです。ただシュートを打てばいいのではなく、シュートは決めなければいけないのです。シュートを決めるためにどういうポジションを取り、どういう角度を取り、と考えながらやらないといけません。

■海外の指導者たちは1から10まで理路整然と説明できる

これはレアル・マドリードのOBが日本で展開していたサッカークリニックでも、日本の子どもたちが指摘されていたワンシーンです。このサッカークリニックではコーチ役のサルガドが「常に考えることを意識してプレーしよう」と繰り返していました。

サルガドが指摘していたのはこういうことです。3対2の状況があるとき、1人がサイドに広がることで相手のディフェンス1枚がサイドに釣られます。その状況ではオフェンス面では

3対2の状況での守備の考え方

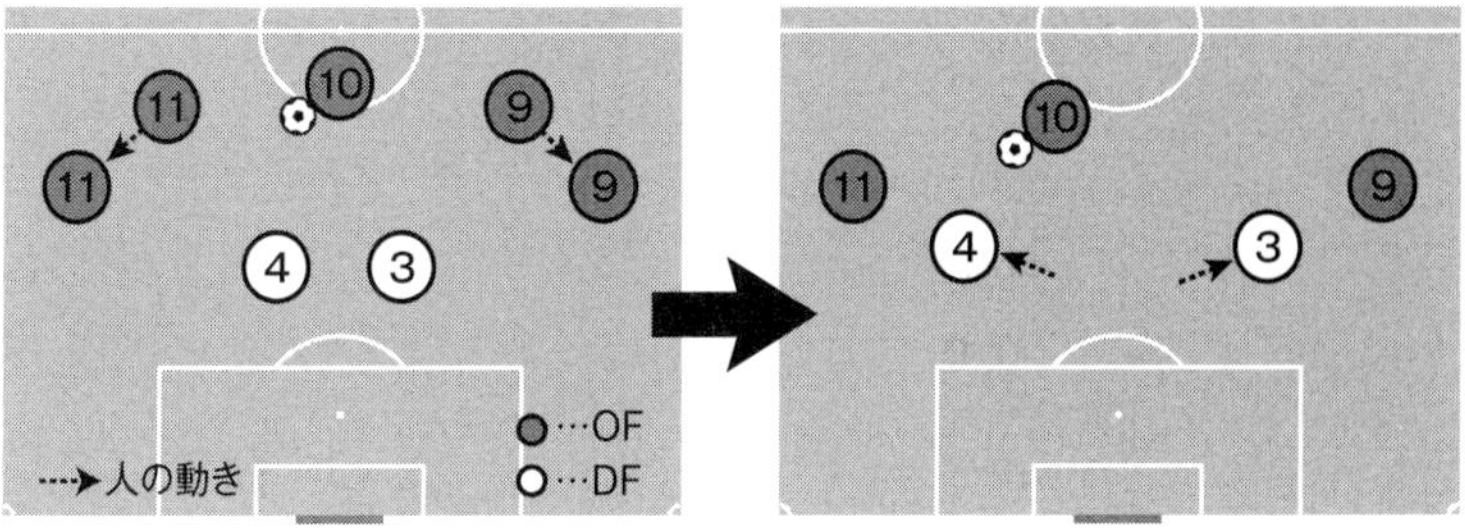

このような3対2の状況で、OF（オフェンス）側が行うことは、サイドの選手が広いポジションを取り、DF（ディフェンス）がプレッシャーにくる時間を遅らせる。

これにより、DF④と③がOFの動きにつられると、DF同士の距離が開き、OF側に数的優位が生まれる。

DFの優先順位は
1．ゴールを守ること
2．ボールを奪うこと

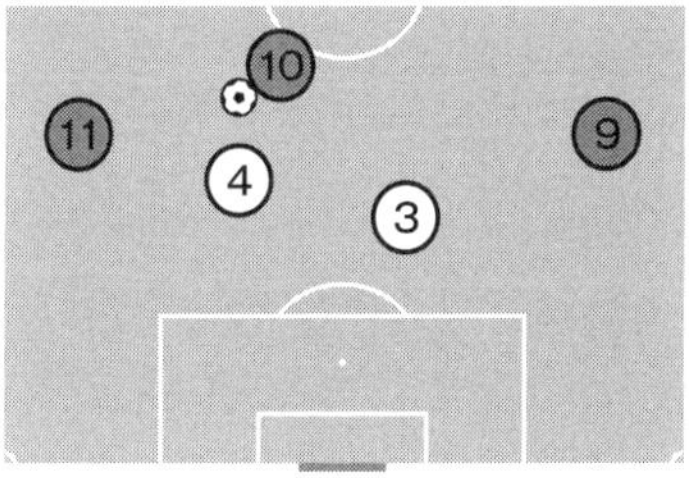

まずはシュートを打たれる可能性のないところからボールを奪いに行かないことが大切。DF2人の距離を近くし、横並びにならないように我慢して相手の攻撃を遅らせる。そうすることにより、味方DFが戻ってくる時間を作ることもできる。本来の試合なら、キーパーも含めて3対3の状態のまま守るイメージ。

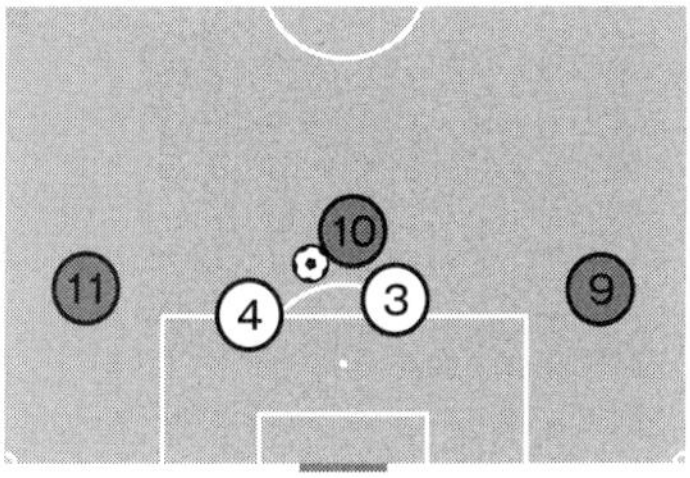

どこまで引いて守るのかと言われれば、それはシュートが打たれないところまで。たとえばペナルティエリアの前付近なら、ロングシュートが決まる可能性もあるので、ボールを奪いにいく。このとき大切なのが、1対1の数的同数の状況を作ること。DF③のようにOF⑩と⑨のパスコースを切りながらOF⑩へプレッシャーをかける。そうすることでOF⑪へのパスコースだけに限定する。

レアル・マドリードのカンテラで10年ほど監督をやっていたイニアッキ・ベニ。育成指導には定評がある。

ボールサイドは必ず2対1の数的有利になります。

逆にディフェンス面では、できるだけディフェンス2枚の距離を保ちながら我慢をする。このバランスを崩さないこと。1枚が行き過ぎるとそのスペースを突かれてしまう。だとしたら自分のテリトリーまで我慢する。相手の1枚がサイドに開いたときに釣られ過ぎると、その瞬間に2対1になってしまうので、そうなったときにどうしたら1対1に持ち込めるのか。寄せ方、体の向き、肩の向き、行くタイミング。そんな具体的なシチュエーションを海外の指導者たちは理路整然と説明できるのです。

ところが、日本の指導者は1から10まであるうちの1や2は説明できるのですが、そこで終わってしまうケースが非常に多いのです。「みんな広がろうぜ、広がったら開いてパスをもらえるでしょ?」という声掛けで終わってしまうことが多々あります。

指導者が理解していないことは、当然、子どもも理解できません。だから、試合になっても練習でやっていることが出てこないのです。

「みんな、中に集まっているから開こうぜ!」

そのように抽象的に言うだけでは、子どもが深く理解し、自身で考えられるようになるのは難しいのではないでしょうか。

何のために動き、いかに相手のディフェンスを動かすのか。1の動作によって相手の何が変わるのか。それらを子どもが理解しているか、理解していないかでサッカーはガラリと変わります。

レアル・マドリードのカンテラで10年ほど監督をやっていたイニアッキ・ベニという優秀な指導者がいます。世界一のタイトルを何回も獲得しています。現在はミッチェル・サルガドのアカデミーのナンバー2の立場でマネージャーを務めています。指導は本当にすごいの一言。アクラフ・ハキミやマルコス・ジョレンテ(ともにレアル・マドリード下部組織出身)などはみんなイニアッキの教え子です。彼は現在のリーガに20人ほど教え子がいます。それは、指導力が本当にすごいという証拠でもあると思います。

彼はもう4回ほど来日していますが、素人が見ても「これは全然違うな……」と感じる指導です。言葉の出し方、言葉の選び方、そして言葉の強さ。素晴らしい指導者の特徴は、練習メニューではなく、子どもたちに何を伝えられるか。どんな言葉で子どもたちを納得させるのか。要するに空気を作るのが非常にうまくその空気感によって子どもが真剣に取り組む。

良い指導者の定義として練習メニューをたくさん知っていたり、海外の練習を取り入れたりすることで目立ち、脚光が当たるという風習がありますが、それは違います。雑誌に練習メニューの方法が書いてある本が売れていてそれをお手本にする指導者がいるとします。内容はもちろん真似できるでしょう。ですが、一番肝心なのは子どもの成長速度です。その成長速度を上げるのは本の中で学んでできることではありません。子どもにかける言葉だったり、その練習の空気感だったり。どんなに素晴らしい練習メニューでも指導者が尊敬されていない、子どもたちがふざけている。そんな空気感で子どもが成長することは不可能です。だからこそ自分自身が時間をかけ成長する以外ないのです。

日本人はボールを扱う技術はあるが技術を使う場所を知らない

日本人は磨いた技術に頼り過ぎてしまい、個々がチームのために動いていません。サッカーは11人のチームスポーツであることをしっかり理解しないといけません。

たとえば、レアル・マドリードでは幼稚園や小学1年生のときから、チームとしてパスを動かしながら、ボールを受けた子どもがファーストタッチをしたときに、この子どもがこう動いてくれる、という共通理解ができています。

個人はあくまでも〝チームの中の個〟なのですが、日本は逆なのです。まず個があり「あいつがドリブルで突破するからあいつに出そう」とか、ドリブルをする選手も「俺はうまいから俺にパスを出せばシュートを決めるぜ」といった考え方をする傾向が強いです。個人の技術が高いがゆえに、チームのリズムが崩れてしまっているのです。結果、ヨーロッパに遠征に行っても強いチームに全然勝てません。ボールを持ってドリブルをしていると、それを奪われて、パスをパンパンパンと繋がれてあっさりゴールを決められる。

スペインの地中海国際トーナメントという大会ではなんと28点も入れられました。そのぐらい差があるということです。なぜ28点も入れられるのかを理解しなければいけません。弱いからゴールを入れられ、強いからゴールを奪える。この認識は正しくはありません。ゴールの奪い方を知っているからゴールが奪えるのです。守り方を知らないからやられるのです。

日本ではどのチームもドリブルがうまいし、ボール回しもうまいです。しかし、ボールを回してシュートまで行かずに終わってしまう。どこで仕掛け、どこでシュートを打つのか。その理解が不足しているように感じます。だから、世界に行っても勝つことができないのです。

ピッチを俯瞰し、ゴールへの道筋を導き出すメッシの特殊能力

日本人はピッチを俯瞰して見られないと指摘されます。

たとえば、以前にブログでも書いたのですが、日本人は「メッシは歩いていて走っていない」と言いますが、彼はピッチを上から見ることができるのです。そのために常に首を振っています。歩いているのは頭の中に地図をつくり、地図ができた瞬間にスイッチが入るからだ——と、グアルディオラが評していました。

ピッチをいかに俯瞰して見ることができるか。そうするために、どれだけ首を振って自分が今どこにいるのか把握できるか。日本人にはその感覚はあまりないと思います。

日本人は周りを見ているとしても、せいぜい1回か2回ですが、メッシは同じ時間で9回ほど見ると言われています。常に歩きながら、誰がどこにいるのか全部を把握して、自分が一番ボールをもらいやすい状況になったときにスイッチが入って動き出すのです。その才能がずば抜けているから、あれだけ自分を出すことができるのです。どんな相手だろうが周りを見ながらメッシなりの地図を作り、自分のゴールへの道筋をパッと瞬間的に出すことができる。メッシはそういう能力の持ち主なのです。

誰もができることではありません。周りを見ることはできても、周りを見て、ゴールまでの道筋を瞬時に探し出すというのは非常に難しいと思います。

南米人の変わらぬこだわり「勝負はどんなときも勝たなければいけない」

日本人は非常に綺麗なものをつくろうとする性質なので、綺麗なサッカーで負けたとしても「しょうがないよ」という言葉で片付けようとする傾向があります。しかし、南米にはそのような考え方はありません。勝負というのはどんな状況でも勝たなければいけないという考えが身体に染み込んでいます。

以前、サルガドが話していたのですが、試合の前日に親が亡くなったらしいのです。しかし、その試合に出なければ1週間後には自分のポジションはないとわかっていました。親との死別にも左右されないほど、目の前の勝負にこだわったそうです。実際にサルガドは試合に出て、ずっとプレーを続けました。

ほとんどの人たちは親の調子が悪ければ「練習を休ませてください」と懇願するでしょう。しかし、厳しい言い方をすれば、医者ではない人間が付き添ったところで病気は治りません。もちろん、少しの時間だけ心を落ち着かせるために休むのはわかります。しかし、休息は何も生みだしません。勝負の世界は甘くはないので、チャンスがいつ来るかわからないし、逆にチャンスをいつ失うかもわかりません。チャンスが来たときの準備は常に必要です。そういう勝負へのこだわりが、日本の選手は甘過ぎると思います。負ければ次なんてあるかわからないのに、

「次は頑張ります」と言っている様子は悠長すぎないでしょうか。負けたら次はありません。それは、世界のトップを経験してきた人間の考え方ですが、どんなことがあろうと負けてはいけない、という考え方は日本人にとって非常に大事だと思います。

■ヨーロッパでは育成年代にもメンタルトレーナーが付いている

日本人はサッカーがうまいです。技術的にはすごくうまいのですが、ヨーロッパなどに行くと全然勝てません。メンタルが非常に弱く、会場の雰囲気にのまれてしまうのです。2－0で勝っているときに耐えるメンタルがありません。2－1になった途端に「どうしよう、どうしよう」となってしまうのです。

というのも、日本の選手たちはメンタルトレーニングをしていません。ヨーロッパの選手たちはみんな当たり前のようにメンタルトレーナーを付けていて、週に1回は必ずメンタルの話をします。そういうトレーニングをしているので、会場の雰囲気にのまれることはありません。

ジュニアユース、ユースの世代から必ずメンタルトレーナーが付いています。グラウンドに立ったときにどんな状況が起こり、そのときにどのような行動をしないといけないのか、というメンタルトレーニングをやっています。

メンタルトレーナーは、簡単にいえば、感情のコントロールを担っています。今起きている状況を理解させ、その次に感情を整理させ、そして理性で物事を把握します。

具体的に何をどうするのかといえば、まず自分で物を書かせて、今の自分はこういう状況、こうなったときにどうすべきか、それを深呼吸を何回か繰り返しながら考えを整えていく、といったことを継続的にやらせています。メンタルの最も大事な部分は気づくことです。自分がいまネガティブな状況にあるということに客観的に気づきそれを断ち切ること。しかもそれを試合中に行わなければなりません。簡単なことではなく、頭のトレーニングをやらなければ難しいとは思います。

ヨーロッパでは感情のコントロールを小さい頃からやっている選手がたくさんいます。アトレティコ・マドリードのコケもうまくメンタルコントロールができている選手です。実は、彼の兄もサッカーが上手だったらしいのですが、メンタルがすごく弱かった。一方、弟はうまくはなかったけれど感情のコントロールがうまく、結果として弟が代表に選ばれたり、プロになったりした、というのをアトレティコのメンタルコーチは、例として挙げていました。

トヨタカップ（現在のクラブ・ワールドカップ）のときのこと。1999年に来日した南米王者パルメイラスは試合前に必ず選手たちに1分間目をつぶらせて「自分たちが優勝するイメージを思い描け！」と監督が煽ったといいます。深く考え込みながら1分間瞑想した後にモチベーションを上げて、「行くぞ！」とやるのです。そういうことをやる南米のチームは非常に多いです。やはり、試合前に目をつぶって必ず考える時間があるのはいいのでしょう。

攻撃でも守備でも「斜めの角度を作る」ことの重要性とは？

サッカーでよく言われるのは、サッカーは三角形のスポーツで、ボールを横でもらうこともなければ、ディフェンスが横に並ぶこともなければ、ボランチからボールをもらうときも平行になることはない、と言われます。必ず角度が生まれるスポーツ、それがサッカーだということです。

なぜか。たとえば、ボランチがボールを持っていてサイドに出しました。このボランチとサイドの選手が平行に並んでいる場合、パスコースを狙われてインターセプトされると、取られた瞬間にボランチもサイドの選手も2人とも置き去りにされてしまいます。つまり、ボランチがパスを出すときにサイドの選手は必ず角度をとらなければいけないのです。角度を付けていれば、パスをインターセプトされたとしてもすぐにカバーして守備をスタートすることできます。海外の選手たちはそういう原理原則を必ず教えられています。

日本ではフィリップ・トルシエ監督が日本代表でフラット3を提唱した時期がありました。あのときにフラット3が流行り、全員がどんな時もラインを揃えた、という現象が起こりました。確かに、オフサイドを取ろうとするときは全員がラインを揃える必要があるのですが、ボールが入ってきた状況に対して、ディフェンスラインは必ず斜めになっているのが正解と言われています。それはトルシエも非常に細かく教えているのです。

サイドの選手のポジショニング例

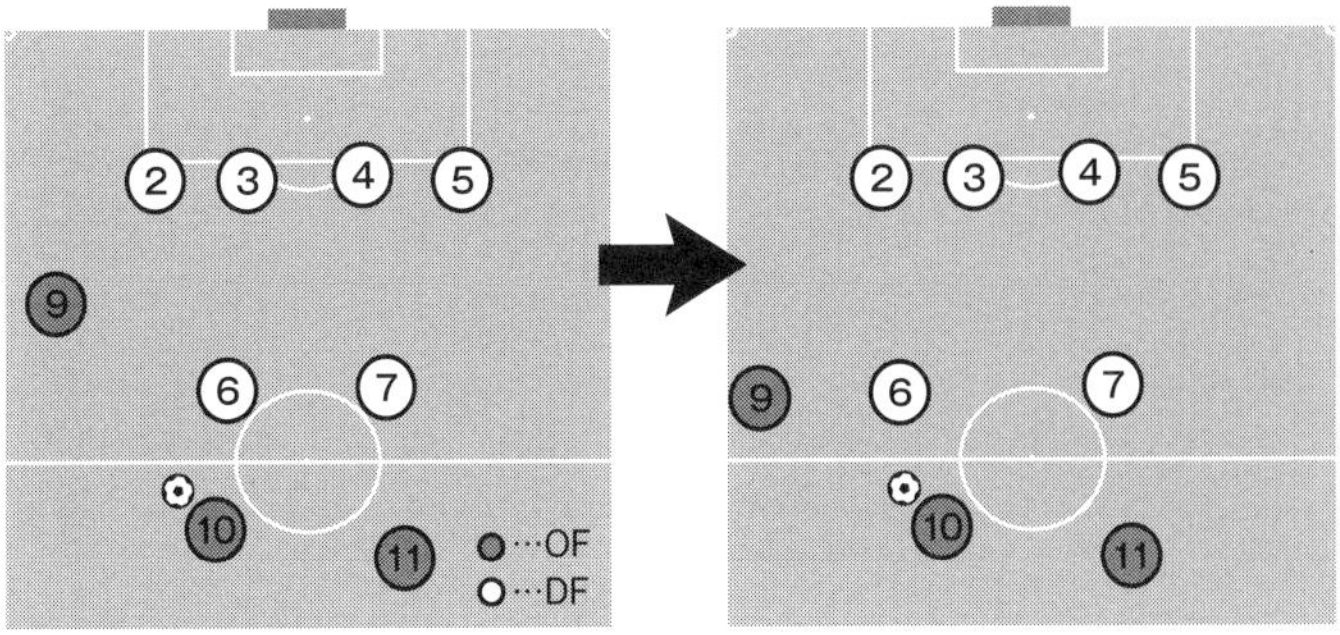

基本的に OF の選手は相手ゴールに近いほうでボールを受けることが求められる。少しでも高いポジショニングを取り、なおかつ DF がマークにつけないポジショニングを取ることが重要。左上図のような OF ⑨が相手 MF と DF の間で受けることにより、スペースと時間も生まれ、ボールを受けたときにスムーズにプレーできるようになる。OF ⑨はつねにパスカットされない距離と角度を保ちつつ、ポジショニングを取る。理想は相手 MF と DF の間ですが、難しい場合は右上図のように相手の横や前でも構わない。
（ただし、絶対にやっていけいないのは……）
ボールの出し手と平行に並んでボールを受けること。

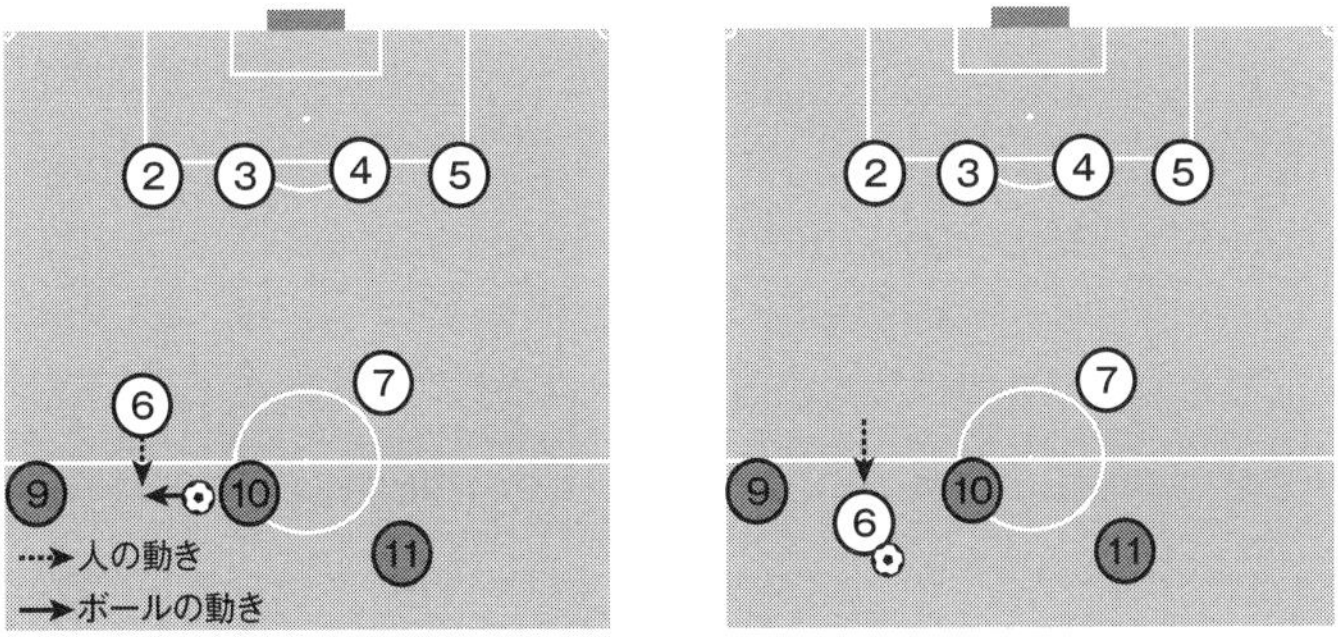

左下図のような位置の場合、DF ⑥にパスカットされると、一気に OF 側の⑨と⑩ 2 人が抜かれた状況になる。

たとえば、ボールを受けようと縦に下がってくるフォワードがいるのですが、このボールのもらい方はＮＧです。必ず角度をとって斜めに入ってボールをもらいなさい、とするのが正解です。相手を背負っていても、斜めに角度を付けてもらおうとすることで受けやすくなる。でも、縦に下がって受けようとするとそもそも後ろが見えず、ディフェンダーの対応に後手を踏んでしまうのです。

日本人はこの斜めの角度を作ることについてうまくありません。ラ・リーガの試合を観ているとわかりますが、選手たちの体の向き、肩の向きが正しいのです。要するに体と肩が開いているということです。角度を作る意識があるので、体の向きも正しく準備ができていることがわかります。

これが日本人の場合、サイドの選手がボールをもらうときに、体の向きが間違っていることが少なくありません。なぜならば、ボールをもらう角度が平行だから、体の向きが窮屈になってしまうのです。平行になっている＝相手にチャンスを与えることと同義です。それを理解しなければいけません。

斜めに角度を取ることを、スペイン語で〝ディアゴナル〟と言います。

スペイン人は攻めるにしても、ボールホルダーの手前に必ず誰かを残しての逆三角形を作りながら前進しようとします。どこにボールが動いたとしても、必ず後方に1人が構える逆三角形の配置ができるようになっています。一方、日本人の場合、前へドリブルで仕掛ける選手がいるときに、周りのサポートが逆三角形の配置にならずに横方向にフラットになってしまうことが多々あります。となると、ボールを奪われたときにカバーリングができずに、そのままカウンターを受けてしまう可能性が高くなるのです。攻撃をしているときに守備の準備ができていないのです。

ファーストタッチの精度があれば個人が1秒稼ぐことができる

なぜ日本でそのような現象が起きやすいのかといえば、ドリブルがうまいことだったり、突破のドリブルを仕掛けられたりすることが優先的に評価される風潮があるからです。

僕の会社が主催するクリニックに参加してくれた元フランス代表の（ロベール・）ピレスが言っていました。「ファーストタッチほど大事なものはなくて、ファーストタッチで自分の蹴りたいところにボールを置ければ1秒稼ぐことができる」

まさにその通りだと思います。しかし、日本人は何度やろうと必ず足下に止めます。なぜか。ドリブルがしたいからです。何も考えずに、まずボールを止めてドリブルを開始します。この時点で、実はもう2秒も失っていることに気づいていません。個人が2秒も失うのだからチームとしてもう何十秒と失うことになります。リズムが崩れるし、攻める時間も遅れます。

ファーストタッチで自分の蹴りたいところにボールを置き、まず1秒稼ぐことができれば、

2020年開催のレジェンドクリニックでゲストとして参加したマテラッツィ（左）とロベール・ピレス（右）。

チームとしても1秒稼ぐことができるということです。1秒の余裕があるかないかで、ディフェンスが寄せてくるスピードの感じ方も変わるし、そこには多少の余裕も生まれるでしょう。

元イタリア代表のDFマテラッツィが言っていました。たった1メートルのポジション取りのミスですべてを失うことがある、と。相手のストライカーとの距離が1メートル遠いだけでも抜かれてしまうときもあるし、競り負けるときもあります。「その1メートルの距離感が非常に大事だ」としみじみ語っていたことと同じように、1秒の大事さを理解しなければいけません。個人が1秒稼ぐことがチームにとってどれだけ大事かをわからないといけません。

たとえば、スペインでは〝チームの中に個

がある〟という考え方が明確にあるので、チームのために何が良いのかを考えて個人がファーストタッチをします。個人がチームのためにどうすれば時間を稼げるかを考えます。その根本の考え方からして違いますね。

スペインでは120度の角度を意識するのは当たり前

日本の子どもたちのファーストタッチが下手なのは、ファーストタッチが何のためにあるのかわかっていないからです。ファーストタッチで良いところにボールを置ければ、顔が上がるし、姿勢も上がるし、周りが全部見えるようになります。

しかし、ファーストタッチでボールを足元に止めることだけを考えているので、結果として顔が下がり、姿勢が下がり、周りが見えなくなるのです。足元に止めることだけを考えてしまうのは、ドリブルを最優先に考えているからです。本来、相手が右方向から来たら左方向へ、左方向から来たならば右方向へ止めるのがセオリーですが、日本人はその可動域ともいうべき止めるときの角度が非常に狭いです。海外の選手であれば、どちらにも止められるように指導されるのが当たり前ですが、それは日本の常識ではありません。

ファーストタッチで良いところにボールを置くときの角度には、ボールを止めるときに体を開くか、開かずに足元に止めるか、という大きな違いがあります。体を開いてファーストタッチをしたときには、当然、見える角度がまるで違います。

スペインでは「120度（の角度）で止めなさい」と、当たり前のように教えられています。何のために周りを見るのか。状況を把握するためであり、チームとして何が起きているかを把握するためです。彼らがドリブルを選択するのは相手ゴール前の勝負のゾーンだけです。だからファーストタッチを良いところに止めて、チームのためにも、すぐに蹴れる場所に置くことが大事なのです。

ドリブルとパスはいつ何のために使うのか？

ドリブルは前に運ぶために進むというのが日本の考え方です。

一方、海外の選手はドリブルをするときは、必ずシュートが打てるときに使います。「ここは1対1の勝負ができるな」という状況のときにドリブルを使い、シュートを狙えるように持っていきますが、それ以外の状況ではほぼドリブルは使いません。なぜかといえば、ドリブルをすれば相手が寄って来るので、それだけボールを失う確率も高くなるからです。相手のゴール前で突破を仕掛けて奪われるならまだしも、中途半端なゾーンでボールを取られたら、相手ボールになって不要に攻守が切り替わります。だから、まずボールを持つことを大事にするのです。自分たちが常にボールを持っていれば試合に負けることはありません。

自分たちがボールをどうキープすればよいのか。まずは相手を剥がさないといけません。相手に奪われないためにパスを回します。なぜなら、そこでドリブルを使えば奪われるリスクが高まるからです。

しかしながら、日本ではこの逆の現象が起きてしまいます。ネットの動画などを見れば、ドリブルで何人も抜いてゴールをするシーンがクローズアップされます。子どもたちはみんな「スゲー！」という反応をして「カッコいいからあれをやろう！」と真似をし始める——そういう光景が海外に比べても多いように感じます。

一方、日本の守備のクオリティは低く、一発でボールを奪いに行って交わされてしまっているのにあまり咎《とが》められることもありません。もし一発で行くのであれば最低限、体は相手に当てなければならない。体を当てれば1秒稼げます。先ほども言いましたが1秒の価値は試合では勝負を左右する。そういう守備側のことを考えずに取りに行けば、ドリブルで向かっていく子どもがすいすいと抜けていけてしまうのも事実です。しかし、どんどん年齢を重ねていき、中学、高校年代になってくるとそれでは通用しなくなります。

突破するためのドリブルはどの状況で使うべきか？

ドリブルには〝運ぶドリブル〟や〝剥がすドリブル〟など色々とありますが、ディフェンダーがボールを持ったときには「早くパスを出しましょう」と指導されます。

グラウンドを3つのゾーンに分けたときに、自陣のゾーンは「絶対に1タッチか2タッチで出す」ゾーン。このゾーンでドリブルをする選手は絶対にいません。

グラウンドの中央のゾーンでは「簡単に前へ繋ぎましょう」が基本です。ここもほとんどドリブルはしません。

最後の相手のゴール前のゾーンは「1対1になった状況で自分が有利であればドリブルで勝負するのはあり」というゾーン。ただ、そういうチャンスが訪れるまではパスを回しながらチャンスを覗うのが海外では当たり前とされています。

一方、日本人の場合は相手の圧力があろうとなかろうとドリブル突破を仕掛けるケースが多いように感じます。たとえ1対2の状況だろうと強引にドリブル突破することを是とする指導者もいますが、海外ではとにかく評価が低くなります。「あいつは状況判断が悪い！」と見られてしまい、判断ミスとされてしまいます。

しかし、日本ではその選手がうまければ「仕掛けろ！」と指導者が背中を押します。そこでボールを失ったとしても「大丈夫だ、もう1回行け！」とする指導者が非常に多いのが現状です。海外では「判断が非常に悪い」と評価されてしまうことを理解しなければいけません。

南米人が考える相手に抜かれないためのディフェンスの方法

アルゼンチンの場合、最初にボールへアプローチに行き、ボールを背後に通されて抜かれそうになったときは相手に体をぶつけてでもやられないという守備をすることが基本です。もちろん、審判のファウルの基準も絡んでくるので、日本で同じことをやるのは難しいという事情はあるのですが。何より日本はフェアプレーを称賛される国ですから。

これがアルゼンチンであれば、絶対にやられてはいけない場所でファウルをしても許容されます。イエローカードをもらっても理解されます。止めないといけないときには何が何でも止める。そういう文化があるからです。

アルゼンチンではユニフォームを普通に引っ張るし、紅白戦でもビブスが引っ張られてよく破れます。守備とはそういうものだ、という理解があり、それが当たり前なのです。小さい頃からストリートサッカーで学んでいるので体に染みついているのです。まあ、コパ・アメリカでチリの選手が相手のフォワードに対して肛門に指を突っ込んだようなこともありましたが、あれはやり過ぎですね。普通にやられた方は死にます（笑）。

それは冗談としても、相手にやられないためにどこまでやるのか、そのリミットの考え方が南米の選手は深いです。日本人は相手に抜かれたらしょうがない、という感覚が当たり前でしょうし、選手がファウルをするとコーチが「ファウルをするな！」と叫ぶことが多々あります。

日本にはストリートサッカーはないし、公園でもサッカーができません。子どもが大人やその上の世代の異なる人たちとサッカーをする機会がないのは痛いかもしれません。そういう環境でこそ、ディフェンスの距離感や体をぶつけることを学ぶ機会は多いように思います。

ディフェンスについてサルガドはよくこう言っています。

「ディフェンダーで一番大切なのはディフェンスができることだ！」

サイドバックであれば、駆け上がってどれだけセンタリングを送れるかが指標の一つとされる向きもありますが、サルガドは「ディフェンスで一番大切なのは守れること。まず守れる能力が高くて、守ってからプラスアルファで何ができるかを考える。ディフェンスは守れる選手、守りが好きな選手がやるべき」といつも言っています。

■ヘディングは空間を制した方が勝ち

ヘディングには2つの種類があります。一つは、叩きつけるヘディング。もう一つは、落下地点に入って飛ばすヘディング。スペースがあり、そこに走って行ってヘディングをするときは叩きつけることが可能ですが、落下地点に入ってからジャンプしてヘディングをするときは跳ね返すケースが多くなります。

よって、ヘディングはその前の準備が何より大切です。自分のスペースを最初から両腕を開いてしまって確保してしまい、そもそも相手を跳ばせないことがポイントです。

海外ではこう言われます。

「相手をブロックして自分で跳んでクリアする」

「ボールが蹴られた時点で、自分がいるべき位置を確保して、ボールが飛んでくる空間を自分のものにした瞬間に勝ちだ」

ボールが宙に浮いている状態というのは、そのフィフティフィフティのボールをマイボールにできるチャンスでもあります。その空中戦で勝つか負けるかでゲームの流れが変わるほどです。しかし、日本ではあまりヘディングの練習をやらないので、だからうまくなることもありません。日本の子どもたちは基本を知らないので、そもそもヘディングができません。ヘディングを叩きつけることも知りません。ヘディングの空中戦で勝つということは、相手に試合中に威圧をかけることにも繋がります。負けたほうは、当然こいつは強いということが頭に叩き込まれ弱気になることも多々あります。だからこそしっかり練習することをおすすめします。

海外ではスローイン時に最低3パターンの戦術を用意する

スローインについて言えば、日本の小学生は投げることができません。

高校サッカーを見ていると、やたらとロングスローがクローズアップされます。とにかく投げておけ、といった印象を受けざるを得ません。スローインを投げ込む戦術は、日本ではほぼ皆無と言える状態にあります。

しかし、海外では止まったプレーも非常に大事だと理解されているので、しっかり投げ入れることを指導されます。ドバイでヘッドコーチを務めるイニアッキはスローインで4パターンほど戦術を与えているようです。

たとえば、味方を見たときにクイックで投げ込むとか、長いボールを入れるとか、味方の選手が何か声を出したら、この声は作戦1、この声は作戦2、この声は作戦3、などと決めておくことも有効でしょう。たとえば、作戦2は「この声でこの選手が引いてこっちが動く。だからこの選手がもらいましょう」といった戦術的な決め事を反復しながら練習します。

海外の場合、スローインでも必ず3パターンほど戦術があります。しかし、日本の場合はボールを投げる人に選手が寄ってきて、ボールをもらって、そのまま返す。これが日本のスローインの典型的なパターンです。そこにスローインでいかにチャンスを作るかという課題はありません。ただ単に味方に当ててマイボールになればOKというスローインです。

単純な戦術パターンとしては、スローインを受ける人が入れ替わる、入れ替わった選手が背後へ抜けていく、ここに3人目が絡みながら動いてスペースに出す、これだけでも最低で3パターンは用意できます。

一番の目的は、ディフェンスを混乱させることです。スペースをあける、そのスペースに自分が入る、そこでボールをもらって次のことを考える、あるいは、1人が動いて、空いたスペースに2人目が入って、実は3人目がもらう、それらを混ぜ合わせながら同時にやるなど、スローイン戦術は奥深いのです。

日本ではスローインの戦術についてそこまで重要視されていないと思います。

日本ではスローインをするときに小学生に「足をしっかり揃えなさい」と指導することが多いと思います。

一方、スペインでは小学生が長い距離をスローインしたいときに片足が少し上がってしまったとしても、それをファウルスローと咎めることもなくある程度は許容されています。おそらく、小さいときからスローインを使って色々なことを覚えなさいという意味で許容しているのかもしれません。ファウルスローを取る光景をほとんど見たことがありません。日本では小学生でもファウルスローは厳しくジャッジするけれど、スローイン自体に戦術がありません。この点は考えなくてはいけないのではないでしょうか。

日本では小さい子どもたちの〝空間を認知する力〟が落ちていると聞きます。空中に上がったボールの落下点に入れないとか、クロスボールに対して飛んでくる場所に入っていけないとか、その力が落ちてしまっていると指摘されます。

しかし、南米の子どもたちがそのような傾向があるかと言えば、その手の話は聞かれません。

日本の子どもの場合、能力が落ちているというよりも、ボールを空中に上げてキャッチするなりヘディングするなり、という機会にほとんど恵まれず、やる機会がないからできない、という言い方のほうが正しいと思います。

であれば、少し離れた距離からテニスボールなどを投げて、体や足で止めるといったトレーニングは効果的かもしれません。南米では小さいボールを使ってトレーニングをすることもよくあります。

個人として強烈な武器を持つことが運命を左右する

元ブラジル代表でレアル・マドリードなどで活躍したロベルト・カルロスとサッカーをしたときに、フリーキックをもろに受けてしまったことがあるのですが、とにかく痛かったです……。至近距離からお腹に入って悶絶しました。腹にあざができていましたね。

ロベルト・カルロスはご存じのとおり、強烈な左足を武器として持っている選手ですが、日本の選手たちも明確な武器を持つことは必要だと思います。プロになるためには、何か一つ武器があればなれると言われていて、すごくうまい選手だとしても技術もヘディングも平均7点という選手よりも、何か一つは9点と言える特筆した武器を持ちなさい、と言われます。

1対1は絶対に抜かれないとか、この選手がいれば試合に勝てるとか、この選手をベンチに置いておけば勝てるとか、そういうことでも南米では評価されます。「この選手がベンチに座っているんと勝てるんだよな……」と思わせる何かがあればOKなのです。

武器を身につけるには、まず自分を知ることです。自分は何に優れていて、何が不得意なのか。できるだけ早く得意な部分を見つけて、どんどん伸ばしていく。これなら絶対に負けません＝ポジションになったりします。「ここのポジションでこのプレーだったら絶対に負けないから任せてください」と言えることが大事です。

昔、ボカ・ジュニアーズにいたマウリシオ・セルナ（元コロンビア代表ボランチ）は、ボールを奪い取ることのできる能力が非常に高い選手でした。全然うまくないのに、必ずボールを奪い取って帰って来るのです。長身ストライカー、マルティン・パレルモ（元アルゼンチン代表）はヘディングで絶対に負けなかったし、バティ（ガブリエル・バティストゥータ。元アルゼンチン代表）もうまくないけれど、ゴールを奪う能力や感覚は頭抜けていました。

何か一つでも武器がないとプロでは生き残れないので、子どもの頃からその武器を見つけ、伸ばすことに向き合うべきだと思います。

ちなみに、ロベルト・カルロスが言っていたのは、フリーキックで長く助走をとって蹴るあのスタイル——助走を取り、一回深く深呼吸をしてから一気にいく——は自分の中のルーティンだそうです。「あの助走だから強く蹴れるのではなく、あのパフォーマンスをやることで、自分にとってゴールが入るというおまじないのようなもの」と話していました。そういうパフォーマンスが成立し、『悪魔の左足』といった代名詞が選手につけば人気も出ます。

強烈な左足のキックを持つロベルト・カルロス（上段左から２人目）。

■日本人はセットプレーについて改善の余地が大幅にあり

セットプレーほど戦術がクローズアップされることはないので、南米では小学生でも色々とやります。たとえば、コーナーにボールを置きに行き、ちょっと触っておいて、他の選手がボールを取りに来るフリをしながらドリブルで運んでしまうとか。

また、アルゼンチンで実際にあったのが図（p94）のようなトリックプレーです。

３パターンのセットプレーの方法があります。

日本人はセットプレーに弱い。これは昔から言われている弱点です。ボールウォッチャーになるし、ゾーンディフェンスがあまり得意ではない。

子どもたちは基本的にマンツーマンで相手につかないかぎり、ほぼやられてしまいます。というのも、ゾーンディフェンスで守ろうとすると相手との間にスペースが空いてしまい、スペースが空くということは、相手のほうが前向きに走ってくるため有利なのです。海外であれば、確実に何人かが体をぶつけディフェンスの邪魔をしてきます。そうなるとマークに付ききれずにやられてしまうのです。

2019年度の全国高校サッカー選手権大会でも、得点の半分ほどはセットプレーからでした。なぜ、そこまでセットプレーから得点が生まれるのか。それはディフェンス面に問題があるからです。ディフェンスの距離感がオフェンスから遠いため、どうしてもスペースができてしまい、そこを突かれる。

ディフェンスの鉄則事項として、自分の両手で相手を触れる位置でマークしなければならない、というものがあります。ただ、その距離感を日本では教えないし、それで両手で触ればファウルになるからダメ、との解釈になる。しかしながら、その解釈は海外では通用しません。

小学生がセットプレーを習得するために

小学生の場合、まだボールを遠くまで蹴れなかったり、技術的にも足りないから思うようにいかなかったりする場合もあるでしょう。

実際にアルゼンチンリーグであったセットプレー

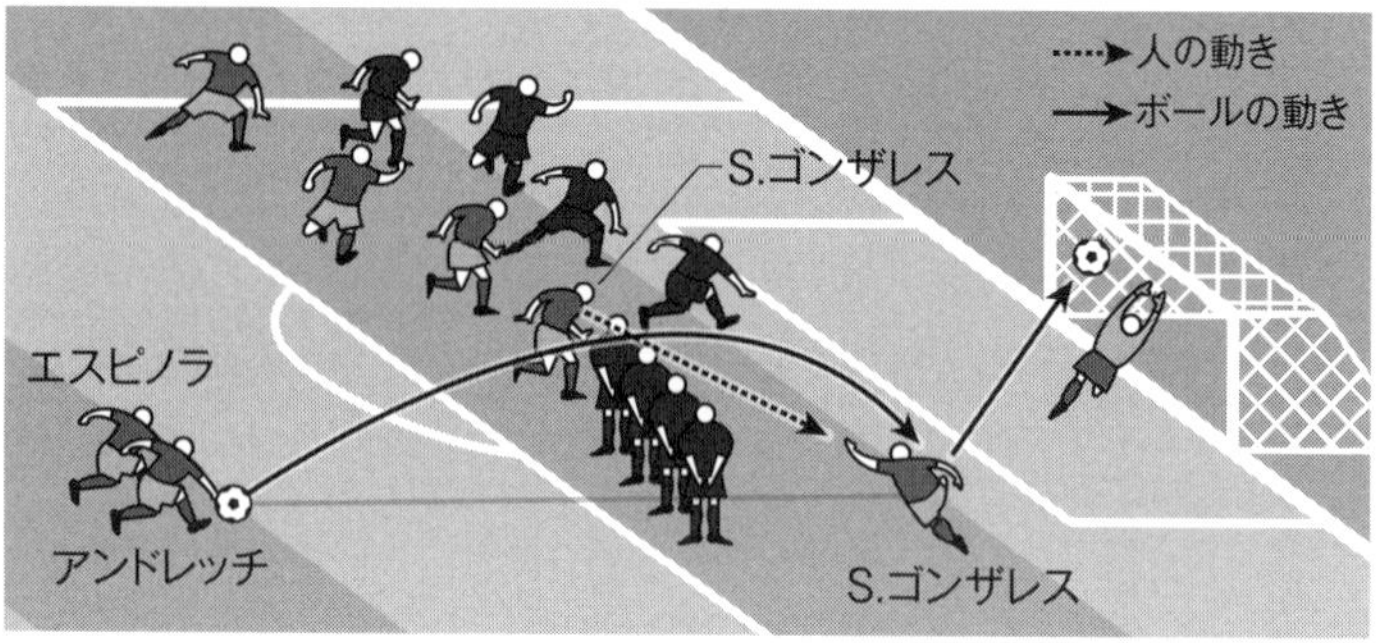

アルゼンチンのクラブ、アルセナルのセットプレーのワンシーン。実際のところ、まずエスピノラが声を出さずに手のジェスチャーで「ボールを直すよ」と合図をした。そしてアンドレッチがボールを直すフリをしつつ、ボールを蹴り上げて浮かし、そのタイミングで壁に入っていたS. ゴンザレスが抜け出してシュートを放った。アルゼンチンならではのスーパートリックプレー。

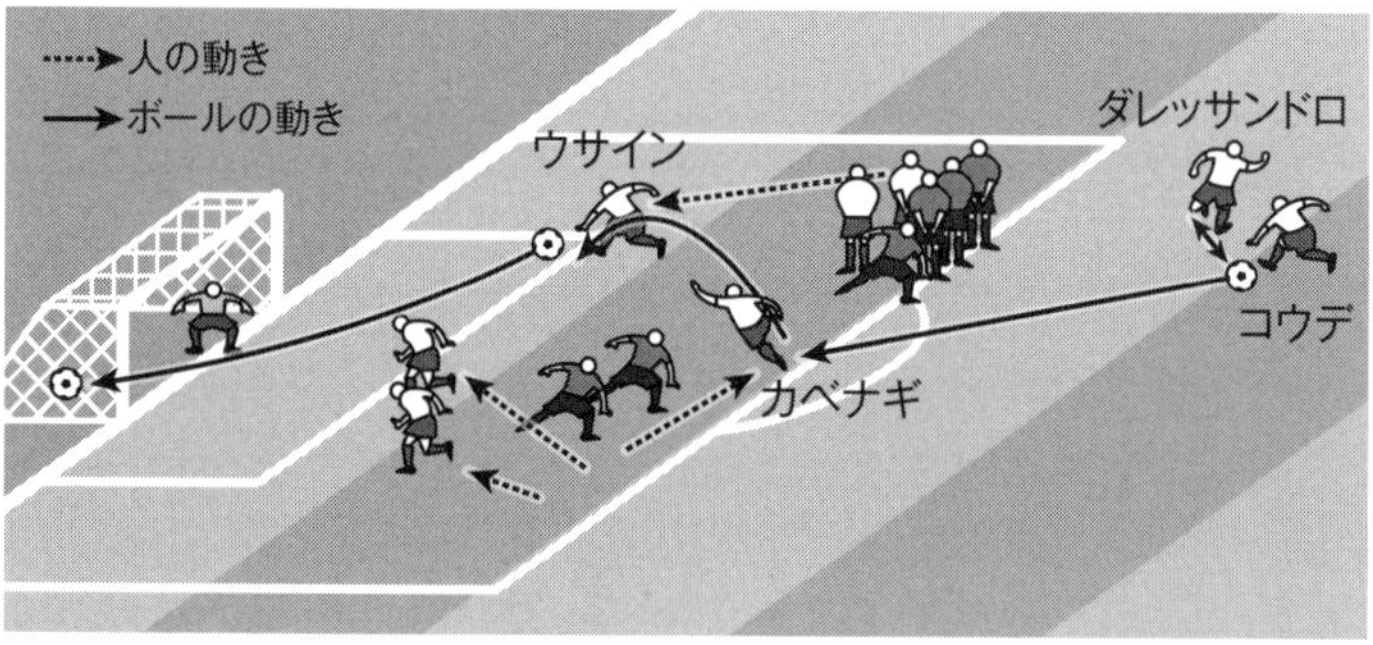

これは名門リーベルプレートのセットプレー。コウデがダレッサンドロにワンタッチで出して、そのままダレッサンドロがコウデにワンタッチで返し、そのままコウデがダイレクトでカベナギへ。そしてカベナギがそのまま浮き球で壁に入っていたウサインにダイレクトでパス。カベナギにボールが入ったタイミングで壁にいたウサインが動き出してダイレクトボレーを決める。

ただ、それでもやれることはあります。たとえば、ショートコーナーで逆に決まり事を３つでも作れば、それがハマることが多々あります。

もちろん、自分の思ったところに、速く、地を這うようなボールを蹴れなければ、どれだけ素晴らしい戦術があってもセットプレーの成功率は上がらないし、試合に勝つことは難しいと思います。蹴られないのならば戦術を教える前に蹴り方を指導する必要があります。

日本ではキックを横から叩くように指導されますが、アルゼンチンでは「上から横を叩け」と指導されます。言葉にすると微妙な差かもしれませんが、それができる・できないでは雲泥の差があります。パスは、ボールを上から横に叩かないと地を這いません。横から横に蹴ってしまうとどうしてもボールは浮いてしまいます。

ゴールを奪うために決められた戦術パターンとは何か？

ゴールに向かうパターンはいくつかあり、決められたパターンが絶対に必要になります。そのパターンはオフ・ザ・ボールの動きがメインになります。たとえば、レアル・マドリードにクリスティアーノ・ロナウドがいた時代から引きます。

ボールを取った位置がどこであれ、まずはトニ・クロースかルカ・モドリッチにボールを預けます。そのタイミングでギャレス・ベイルとロナウドが全速力で両ワイドに開きます。ここから70%の確率でベイルにボールが渡り、渡った瞬間にロナウドが今度はスイッチを変えてサイドから全速力で中に入ってくる――。

これがレアル・マドリードの決まり事です。このようなパターンをチームが何通りも持っていない限り、ゴールを奪うことは簡単ではありません。

日本の場合、これがドリブルだったり、技術だったり、ボールを保持する選手にクローズアップされますが、ボールがないときこそ、自分がチームのためにどう動けばいいのかを理解し、改善しなくてはいけない部分は多いように思います。

日本の子どもたちはサッカーの中で「これが当たり前だ」と決めつけることが非常に多いように思います。たとえば、ゴールキック。日本はゴールキーパーがいきなり長いボールを蹴ります。しかし、これはヨーロッパではほぼありません。長いボールを蹴った瞬間に相手に渡る確率は50%になってしまいます。みすみす相手ボールにする確率を50%まで増やしてしまう酷い習慣だと自覚する必要があります。

ちなみに、スペインはリスタートの反応が非常に早いです。ゴールキーパーがボールをキャッチした瞬間、ディフェンスは必ずサイドに開きます。要するに、次のプレーの準備が当たり前にできているので止まらないのです。ゴールキーパーがボールを長く蹴ってくれれば仲間のディフェンダーたちは見ているだけなので楽ですが、その時点でチームとしてプレーしているのではなく〝個〟になってしまいます。要するに、プレーが切り替わったときの頭の切り替え、次のプレーの準備という点においてもまだまだ差があると思います。

エリア内でシュートを打つときの極意とは？

エリア内で迎えるシュートの機会について、日本人はシュートが打てるのに打たないとか、敵の枚数が多いのに打ってしまうとか、エリア内の判断力をもっと上げる必要があります。シュートは打てれば打つのではなく、シュートを決められる位置を取る、または、自信をもって打てる位置を取ることが大事です。チャレンジするのはいいのですが、正しい判断を伴いながら打つように心がけることです。

逆に、ディフェンスの選手はエリア内ではシュートを打たれてはいけません。ただし、引いて守ったときに相手にエリア外からシュートを打たれ、それでやられてしまったらそれはそれで「お前のせいだよ」とディフェンスの選手は指摘を受けます。だからエリア外からのシュートは絶対にやられるな、という教えがあるのです。ゴールキーパーからすれば、エリア外のシュートは俺が必ず止めるからエリア内からは絶対に打たせるなよ――これが味方のディフェンス陣との暗黙の了解になります。

エリア内のシュートを決める確率を上げるためには、自分たちでボールを動かしながらチャンスを掴み、シュートを打てるときに打つ練習をしないといけません。ゴールキーパーのタイミングを外して打つとか、ディフェンダーとの距離を離してから打つとか、崩し切ってから打つとか、それらはチームが持つゴール前の戦術の話にもなります。海外には日本のように、ゴールが近いからとにかく打つ、という考え方は基本的にありません。

■「シュートをインステップで打ちなさい」の弊害

少し前にピレスがこう語っていました。

「シュートには2つあって、日本の子どもたちを見る限り、みんなインステップで蹴っている。小さい頃に指導者から『シュートはインステップで蹴りなさい』『パスはインサイドで蹴りなさい』と教えられているんだろう。でも、シュートはそういうものではない。インサイドで狙うシュートと、インステップで強く蹴るシュートがある。インステップよりもインサイドのほうが実はゴールする数は多いから、シュートは〝狙いなさい〟。インステップで蹴るときは必ず下の方を狙いなさい。ゴールキーパーは下の方は捕れないから。最悪なのは、インステップで上に蹴ってしまうことだ。それでは必ずゴールキーパーに捕られてしまうので、撫でる（舐める）ようにインサイドで狙って蹴ることがすごく大事なんだ。思い切り蹴るよりも、力を抜いて狙って蹴るほうがゴールに入る確率は高い」

シュートはインステップ。そんなふうに杓子定規的に捉えているので、日本人はシュートがうまくないと言われるのです。ゴールは決めればいいのです。決めればそれがチームの助けになります。日本の子どもたちは言ったことは忠実にできますが、応用力と判断力は乏しいと言わざるを得ません。その部分については永遠の課題でしょう。

奪ったボールの最初のパスをミスしてはいけない

スペインでは、相手のボールを自陣で奪ったとき、クリアで大きく蹴ってしまうことはあまりありません。まず自分のボールにして、自分のボールに価値を付けるのです。自分のボールを味方につなぎます。つなぐにしても、最優先にすべきは、ゴールまで直結するパスです。そのパスが無理であれば味方につなぎます。このとき、スペイン人はよくこんなふうに言います。「ボールを奪ってからのファーストパスは絶対に失ってはいけない。必ず最初のパスはマークがついていない味方に付けなさい」

それが、スペイン人が大事にしているところです。自分のボールになったときに、そのファーストパスをつなぐことができれば、何より相手に自陣で奪われてショートカウンターを受けるようなことがありません。ボールを奪ったとき。それはチームのスイッチです。チームの攻撃のスイッチが入った瞬間に選手たちは攻めに切り替えて全力でゴールを奪いに行きます。が、このときの最初のパスをミスしてしまうと、すべてがまたゼロからのやり直しになります。だからこそ、奪ったボールの最初のパスは絶対に失ってはいけないのです。

高校サッカーを見ていても、ボールを失う確率が非常に高いと思います。本当に、ボールを失って、失って、失って、というのを繰り返しています。それでは結果として自分たちのボールにはならないし、疲れてしまいます。ボールを奪われたら結局はまたディフェンスをしないといけません。ボールを奪ったら、必ず1本目はつないでサイドに展開すること。どのスペインのチームにも基本的にはそのような決まりがあります。ボールを取ったらサイドへ、サイドから縦へ、縦から中へ、という形です。

スペイン人がJリーグの試合を見るときによく「テニスだな」という感想を漏らします。ポンポンとボールが上にあがってなかなか下に落ちてこないので、テニスのように感じてしまうのです。ボールが上に行けば、結果として誰かが競らないといけないし、相手にボールが渡る確率も高くなります。ボールが上にあがってしまえば、角度を取ってポジションを取る必要もなくなり、サポートする距離感も随分と変わります。一番のデメリットは、自分たちの攻撃のスイッチが入れられないことです。

日本は決まり事を絶対に守らないといけない、という感覚がサッカーのピッチ上にも影響を及ぼしていると感じます。「パス・アンド・ゴー」という言葉がありますが、他の国には見当たらない言葉です。パスをしてもゴーしなくてもいいからです。

「サイドが回ったら（オーバーラップしたら）使え」。パスを回しながらタイミングよくサイドの選手が上がってきたら、必ずその選手を使ってクロスを上げましょう、という決まり事です。これら決まり事に日本人はあまりにも忠実にプレーしてしまいます。要するに、相手からすれば次のプレーが読めてしまうのです。相手にとってそれほど楽なことはありません。

走り回ることが是ではなく「ここだ！」というタイミングで走るべき

スペインに「トラップ・アンド・パス」という言葉があります。大まかに言えば、トラップをしたらパス、トラップとパスは一緒ですよ、という意味です。スペイン人はパスを非常に大事にするので、常々「地を這うようなパスを出しなさい」と言います。「絶対にボールを上にあげてはいけない」という教えがあるほどです。

だから、どの会場でも試合前にはいつもスプリンクラーで水を撒いています。７歳の子どもの試合でさえも絶対に水を撒きます。それはボールを滑らせるためです。前半が始まる前はもちろん、後半が始まる前には水たまりができるくらい撒きます（笑）。常に濡れているグラウンドで試合が始まるのがスペインです。

一方、日本の場合は、すべてではありませんが、パスを走らせるのではなく、自分たちが走ることを重視する向きがあります。これは根本的な違いだと思います。走ればいいのではなく、どのタイミングで走るのかが大事なのです。ところが、日本はとにかく馬みたいに走り、プレスをかけるために前からバンバンと奪いに行く。

しかし、ボールを走らせるほうが大事であることを理解しなければいけません。イメージができない子どもにはボールと人を並べて「よーいドン！」で競わせればいいのです。絶対にボールのほうが速いに決まっているのですから。どんなに頑張ってもボールには勝てないし、何よりボールは疲れません。一方、人は疲れるのです。どう考えても、他の誰誰君に走ってもらうよりも、代わりにボール君に走ってもらったほうがいいと思います。

サッカーは1人がボールを持っているときは、他の21人はボールを持っていないわけです。それでも日本の場合、たいがいの勝つための理論は「走りきれ！」「プレスをかけ続ければ相手がミスをするぞ！」。しかしながら、それは技術が非常に高いチームと試合をしたら意味を成しません。パスでいなされて終わりです。

体力には限界があります。強いチームと対戦するときは、自分たちはディフェンスをすることが多くなります。そのときに馬鹿みたいに走り回ってプレスをかけてみてください。スペースが生まれてしまい、逆にやられてしまうわけです。強いチームとやるときに大切なのはカウンターです。それまでは我慢して走らず、選手と選手の距離感、ポジショニングを大切にする必要があります。そしてボールを奪った瞬間、このときに全力で走る。

大事なのは走り回ることではなく、走り続けるでもなく、走るべきときに走ることです。

練習でできないことを試合で表現できる南米人

現代サッカーはITの導入も進んでいて豊富なデータを取り入れています。ヨーロッパでは多くのクラブが、すべての練習や試合を映像に撮って記録しています。その上で、どこが強みなのか、どこが弱点なのか、データを抽出して分析し、監督に渡しています。各チームはデータを分析するアナリストを在籍させているのです。

クラブとしては選手たちの契約の延長や満了を決めないといけない立場にあるので、選手たちの成長をデータ上でも見ているのです。「こいつはここが弱いな」「試合ではできるけれど練習ではできないな」「練習ではできるけれど試合では物足りないな」といった判断をするための材料にするのです。

中には試合で力を発揮する、メンタルが強い選手がいます。練習はうまくなくても、試合であれば活躍するタイプです。それらを考慮しつつ、すべてのデータを記録し、総合的に分析する視点も大事になります。

公式戦と練習は別物です。練習で100%を発揮することと、公式戦で100%を発揮することは全然違います。まず、選手が置かれている環境が異なります。公式戦の場合、挑んでいく気持ちのウェイトが大きくなり、その上で力を発揮できる選手は重宝されます。この点において南米人は非常に優れていて、逆に言うと、日本人は苦手なように感じます。南米人は練習でできないことも試合で表現できます。それだけの集中力もあるし、それだけ強いメンタリティも兼ね備えています。

海外ではプロを目指す決断は16歳の頃が一般的

海外の子どもたちは自分がプロになると覚悟を決めると、15歳の頃から学校には行かなくなります。この点は、海外と日本で明らかに異なるところです。

日本の場合、義務教育が終わってもほとんどの子どもが高校に進学します。

「高校くらい出ておかないと将来困る。サッカーがダメだったらどうするんだ」

そういう保険的な考えがあるからです。一方、海外ではプロになれる年齢に到達しているのに、それから3年間も学校に行くことは、サッカーの国の考え方では3年間を失うことと同義です。16歳になればサッカー選手になるために24時間のすべてを注ぎます。サッカーのためにすべてがあるので、高校に行けないならば行けないで保険をかけることはありません。保険をかけて叶えられるほどプロになることは簡単ではないと知っているのです。

「僕は将来プロになるためにやっていくんだ!」

そんなふうに感じるのは年齢ではないのかもしれません。子どもがプロになりたいと本気で意識するのは現実を見たときであり、現実とぶつかったときだと思います。たとえば、国際大会でレアル・マドリードにボコボコに負けたときとか、憧れのメッシに会ったときとか。

それから学校に行かずにサッカーだけで生きていく生活を始めるのが、16歳の頃です。その頃から練習が午前中に変わるからです。そうなると学校には行けないので「ならば俺はサッカーをやる！」と、プロになるための決断をしなければいけないのです。とはいえ、勉強したい選手は午後だけの学校もあるので、そこに通う選手もいます。サッカーと学校を両立したい選手もいるので、午後だけ勉強に励むのです。

そこから本当にプロになれるかどうかは、18歳から20歳の頃までにわかります。20歳のときにプロになれなかった選手はそこで一度人生を考えます。サッカーを辞めるのか、辞めずに頑張るのか。20歳までに自国でプロになれない選手は海外でチャンスを覗いますが、そうやってプロになれるケースはほとんどありません。国内でプロとして結果を出し、その結果によってステップアップするケースがほとんどです。

海外にもスクールは乱立しているが親たちは見極める

日本のＪＦＡアカデミー（２００６度から中高一貫教育と連携し、将来の日本代表選手を育てるために、日本サッカー協会によって設立されたアカデミー機関）のように、フランスにはクレールフォンテーヌというプロ養成の施設があるし、スペインにも星の数ほどあります。小さい頃から加入できるのですが、ただ、現実的には数があり過ぎて、どこが正解かはわかりません。もちろん、不正解の烙印を押されてしまうスクールもあるし、良さそうに思えるスクールもたくさんあります。ただ、やっていることはみんなほとんど同じです。指導者がいて、午前中はみんなで練習をして、午後はそのスクールが提携しているチームに行きます。いくつかはスクールからプロになっているという実績を謳っているところもありますが、そういうスクールはたくさんあります。

それらをどう判断すればいいかと言えば、今はネット社会ですから、良いものは見えやすいとは思います。チームのネームバリューや指導者の実績などで選ぶことが多いのですが、ただ、実際海外に住んだことがない親が現地のスクールの良し悪しを判断するのは至難の業です。

しかし、サッカー大国の親たちは絶対に気づきます。1回目で「おおお」、2回目で「ああ、こんなもんか」、3回目で「あれ、おかしいぞ?」と気がつくのです。そのあとはもう行かなくなります。

元ブラジル代表のロナウジーニョが主催するスクールがドバイにあるのですが、全くと言っていいほど加入する子どももはいません。最初だけはロナウジーニョの名前で流行ったのですが、今はもう10人ほどしか在籍していません。親もバカではないので気がつきます。しかし、おそらく日本人の親は気がつかないと思います。

日本人の親の一番の弱点は、サッカーの指導者を指導者と見られないことです。良い人、優しい人、子どもが楽しいと思える人。プロを目指さないならばそれは正解です。でも、プロを目指すなら、そういう指導者の選別をしている以上、難しいだろうと個人的には思います。

日本人は海外を感じる環境が身近にないので、何が正解なのかがわかりません。だから、ネットや本で情報をかき集めて、それらの情報で判断するしかありません。現地で直接見て、感じることができていれば、たいていの場合は「ああ、これはこうなんだ……」と落胆することもしばしばありますが、少し見ただけではわからないことのほうが多いものです。

「夢は必ず叶う」と本当に信じることはできるか？

サルガドが繰り返していた言葉があります。

「小さい頃に自分と同じようにサッカー選手になりたい子どもはたくさんいました。色々な選手たちがたくさんいたけれど、他の選手たちは自分の夢に対して疑いをかけていた。同じ年代のユースの選手に対して『あいつのほうがうまいかもしれない……』と嫉妬心を持ち、『俺はプロになれるかわからない……』と見えない先行きを不安に思ったりする。でも、自分だけは『必ず夢は叶う』と確信して毎日やっていた」

サルガドは子どもの頃、将来、自分がレアル・マドリードでプレーできるなんて微塵も思っていませんでした。「まずはセルタでプロになろう」と思いながら過ごす中で、結果としてレアル・マドリードに行けた。要するに、自分を信じ切ることによってさらに自分の道が拓けていったのです。

1対1について、少し前にピレスが言っていました。「1対1になって、まず考えるのは相手を殺すこと」だと。

「相手と1対1の場面、自分がボールを持ったときはまず何を考えていますか？」

子どもからの質問があったとき、それに対して「まずはディフェンスを殺すこと」だと答えていました（笑）。ただ、ピレスはこうも付け加えています。

「ディフェンスも自分を殺しに来るから、だから俺も殺しに行かないといけない。それぐらいの気迫でやらないといけない。そうでないと、あのレベルになると勝つことができない」

ピレスが言うから成立しますが、これを日本人が言ったら問題になるかもしれません（笑）。

日本人は自分のタイミングでボールをもらおうとするから苦労する

これだけ日本人選手が海外に出ているにも関わらず、ヨーロッパのトップリーグの試合にスタメン出場している事例は多くはありません。言語の問題、育成時代における指導の問題。様々な理由が絡み合い、原因が一つにフォーカスされることではありませんが、確かに言えることがあります。それは、日本人はボールをもらうタイミングが早いということです。センタリングからのシュート練習を見ればわかりますが、日本の子どもは自分のタイミングで入っていってしまうのです。何も考えていません。ただセンタリングが来るから合わせよう——。

しかし、これが他国の子どもたちであれば、タイミングを合わせてワンテンポ置いてから入っていけるのです。そのワンテンポこそがサッカーの理解度を示しています。その理解度の部分で明確に違います。

南野拓実選手がリバプールに移籍したときも、やはり自分のタイミングでボールをもらいにいくので、なかなかボールがもらえないでいました。海外でも国のリーグが変わればサッカーも変わるので、リバプールの監督であるクロップも最初は大目に見て、「猶予を与える」と言っていました。つまり、どんな選手でもその国のテンポやリズムを掴むまでは厳しいのです。

かつて浦和レッズに在籍したワシントンが良い例です。浦和レッズに加入した当初は全然活躍できませんでした。しかし、ある時期を境に得点を量産するようになるのです。なぜこのようなことが起きたのでしょうか。浦和は彼にディフェンスを求めていたのです。フォワードも走れ、と。でも、ブラジル人のセンターフォワードはディフェンスなんて絶対にしません。「とにかくボールを当てろ」と言いながらプレーするのです。次第に周りが「あいつはディフェンスはやらないでいいんだ」と理解してからは大ブレイクです。

バルセロナではメッシがディフェンスをしないので、監督とスタッフが大ゲンカになり、前線は3枚なのか、それとも2枚なのか、ということを延々と議論していました。

かつて浦和レッズで活躍したブラジル人センターフォワード、ワシントン（右）。

ワシントンやメッシはチームの中心選手なので、自分のプレーやクオリティを周りに理解させることで次第に周りが動くようになりますが、日本人が欧州に出たときはまず自分からチームに合わせないと評価されないと思います。

バビーフットボールの目的は距離感を掴むこと

アルゼンチンでは幼少期からバビーフットボールやストリートサッカーで互いにバチバチにやり合います。一方、バルセロナの子どもたちは6歳や7歳のときに、すでにポジションの幅と深さを取るように指導されます。バルセロナの子どもたちのように、ヨーロッパでは小さい頃から組織の中で育つシステムがあるので、戦術理解度は格段に高まっていきますが、個人技についてはどうしても南米の選手のほうがレベルは高くなる傾向があります。日本のチームと同じように、ヨーロッパの各チームには必ずブラジル人やアルゼンチン人がいます。彼らの個の力に頼っている側面もあるということです。

では、南米の個の力がいかに生まれるのか見ていきます。

南米で行われているバビーフットボールの目的は、一番は距離感を掴むことです。バビーフットボールはグラウンドが狭いのが特徴です。狭い中での5対5なので、ボールを持った瞬間にすぐプレッシャーがガツンと飛んで来ます。その距離感を掴んでいくのです。

アルゼンチンを見習って日本でもグラウンドを狭くしてトレーニングするのはいいかもしれません。あとは、改善すべきは日本サッカーがファウルを取り過ぎる問題です。日本はすぐに笛を吹いて止めてしまいます。普通に大人同士でフットサルをやっていても、ちょっと当たっただけで「お前、それ行き過ぎだろ」という空気に変わってしまうのが日本人です。たとえがツンとぶつかったとしても笛が鳴るまでやらないといけないし、空気なんて関係ありません。南米では練習だろうがとにかく熱くなるし、喧嘩なんかしょっちゅうです。そういう文化がないと結局は戦えない選手のままなのです。

これに関連して言えば、日本の文化として、疑問符が付いてしまうのは謝ることですね。とにかく謝ってしまう。「ごめんなさい」「すみません」というのは日本だけです。個サル（個人参加型フットサル）などでも相手を倒したらすぐに「大丈夫？　ゴメン」。

　そういう謝る文化は南米にはありません。相手を倒そうが、ミスをしようが謝りません。とにかく自分の非を認めません。「それはしょうがないんだから、次に切り替えようぜ」というスタンスなのです。これはヨーロッパも同じで、特に謝ることはしません。試合が終わってから反省するときには謝ることはありますが、日本みたいに試合中でもしょっちゅう謝るということはありません。

　一方、南米でよく見かけるストリートサッカーは、とにかく自由です。ただ、勝負には非常にこだわります。負けたら飲み物を奢るなど、ルールを作って競い合うので、みんながすごく頑張ります。小さい頃から何かを賭けながらサッカーをしているので競争が生まれます。あとは自由なので、股を通せば「オーレ！」と叫び、その瞬間にガツンと後ろから削られたりします。

　ストリートサッカーは年齢が関係ありません。お父さんだろうが、子どもだろうが関係ありません。小さい子どもだろうがお爺ちゃんだろうが、グラウンドに立てば本気でやるのが当たり前です。

　そういう中で育っているのが南米の選手たちです。環境が常に競争なので、いざというときは戦うことができます。南米で戦える選手の移籍金が高くなるのは、ヨーロッパでも戦えるからです。日本の選手たちの移籍金が安いのは、Ｊリーグがヨーロッパで評価されていないからです。Ｊリーグでプレーできても欧州のトップリーグでプレーできるかは未知と判断されます。

幼少期から狭い中で行われるバビーフットボール。

だからいつまで経っても移籍金が上がりません。

日本人の技術は〝見せかけ〟のサーカスのようなテクニック

日本はキレイなものが好きな国だから、ドリブルがうまい選手が好きだし、技術が高い選手がすごく好きです。「南米で学んで来い」と送り出すときに、ほとんどの選手の頭の中にあるイメージは技術です。南米＝テクニックがすごいと思っているのですが、アルゼンチンはテクニックというよりもディフェンスのほうがすごいのです。１部リーグから５部リーグまでどのチームもディフェンスはしっかりしています。

逆にブラジルは攻めのイメージです。しっ

かりしたテクニックの中には、ディフェンスがある程度の距離感でぶつかってきても上回ることができるテクニックがブラジルにはあります。

日本の場合は見せかけの〝見せる〟テクニックです。サーカスのように「俺を見てください。すごいでしょ？」というイメージ。後ろにドリブルしてみせたりするテクニックは抜群でも、日本人は敵がやって来たら何もできません。あまりにもキレイ過ぎるので、テクニックが小手先なものばかりなのです。

最近は、よく勉強していてわかっている人も出てきましたが、ドリブルだけではダメだと理解していながら、いざ勝負となると「行け！」と突っ込んでしまう。同じことを海外でやっても絶対に抜けません。どんなにうまい子どもでも一発でプレーが終わってしまうので、それを繰り返していれば、いずれ試合に出られなくなりベンチになるでしょう。自分の過ちにいかに早く気がつけるかの勝負になります。

第3章

子どもたちを伸ばす親と指導者の関わり方

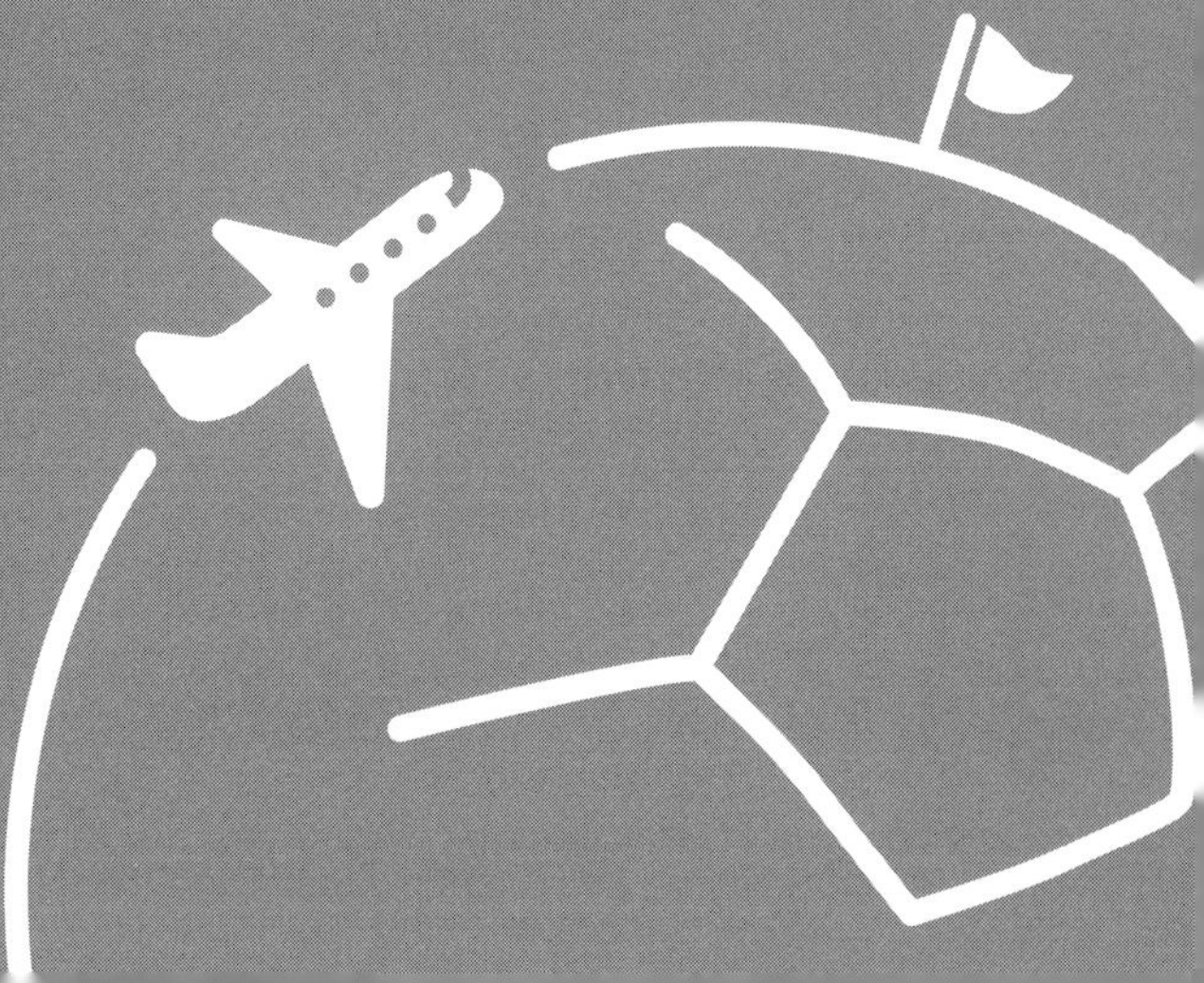

親と指導者のサポートの仕方を再考する

■日本の親はスクールなどの情報に振り回され過ぎている

最近はネットで情報を簡単に取れるようになったので、日本では親も指導者も常に色々なものを探します。情報を頭の中に入れながら、たとえば、親が「あっちのスクールに行こう」「こっちもいいらしいよ」などと様々な情報に振り回されて迷子になってしまい、結局は何も生まれないという状況に陥ってしまいます。あまりにも理想ばかりを追求しているので、結果として何も得られないというのが日本の現状です。

一方、世界の育成に目を向ければ現実を直視しながら動いています。親たちはバルセロナやレアル・マドリードに入れるのは米粒一つくらいの狭き門だとわかっているので、自分の子どものレベルも理解しているし、その上で少しだけ背伸びをし、「じゃあ、ここに連れて行こう」となります。

日本の子どもの最大の弱点は、いつまでもバルセロナやレアル・マドリードを追い続けていることです。追い続けることも大事ですが、現実を直視することも大事です。いつまでも理想に歯止めが利かないことが、どうしても足を引っ張ってしまうのです。もし、18歳になってもまだ言っているようでは、引き返すことができなくなってしまいます。結果として、子どもは詰め込まれ過ぎて何もわからなくなっていくでしょう。親や指導者に言われたことをやっているだけ。それが今の日本の育成事情です。

本来は、行きたいと思うチームをファーストクラス、セカンドクラス、サードクラスのようにランク分けをして整理し、それぞれのチーム事情を頭で理解する必要があります。

ファーストクラスに行きたい気持ちはわかります。ただ、実際のレベルはといえば及ばない、しかしそれをどうしても認めたがらない方が非常に多いです。親も一緒になって「いやいや、うちの子はここを目指します」と言い張ります。そのファーストクラスを目指すために自分の子どもにいきなり海外のメソッドを落とし込もうとするのですが、子どもはテンションが上がっても、結果として何もわからず右往左往するだけなのです。そして、うまくいかないことを他人やチームのせいにする。「あそこはだめだ」「あの指導者は良くない」。しかし、人のせいにしていれば、前進することはありません。夢を妥協するわけではないですが、自分の息子の現状をわからず、あまりにも理想が高すぎると感じます。

15歳になったらもう自分の実力はわかっていないといけない

小学生のうちはまだいいと思います。夢を追いかけてもいいと思います。ただし、15歳になってもまだ理想を追い求めるような子どもはちょっと厳しいと思います。15歳になったときにはだいたい現実を見ているし、たとえば、今海外に出ている子どもたちも、15歳になれば自分のことがわかっているし、もうわかっていないといけない年齢です。その時点で「いや、俺はまだバルサやレアルに行くんだ」と言っているのであれば、それはあまりにも現実からかけ離れています。段階的に上っていくのはもちろん不可能ではありません。だとしても、世界のトップになりたければそれなりの環境に身を置く必要があるのです。

たとえば、スペインの子どもが18歳でスペインの3部リーグのチームに加入したとします。そのクラブで20試合に出場したとしましょう。そうして2部のクラブにステップアップをするとします。スペインの2部のレベルはヨーロッパではスイスの1部リーグと同レベルと見られていますから、スイスの1部リーグでプロになり、その後オランダのエールディビジに行きましょう、などと子どもに現実的なステップアップの道を示してあげることができます。

日本は島国なので、日本の指導者たちがヨーロッパの各国のリーグのレベルなどについて理解するのは難しいと思います。実際に自分の目で見ていないので感覚的に理解するのが難しいのです。この国はどのクラブがチャンピオンズリーグに出場し、どのクラブがヨーロッパリーグに出場するのか。ヨーロッパでは強豪国ではないけど、それでも1チームはチャンピオンズリーグに出るわけです。では、そのチームはどこなのか。そういう情報が差になってくると思います。それが明確に説明できないと子どもはなんとなくに進んでいってしまいます。

情報量の少なさは、日本が島国という特有の事情が絡んでいるでしょう。それ故か、日本の指導者は海外にあまり出ていきません。時間はあっても、何らかの理由をつけて結局は出ていかない傾向が強いです。そしてネットの情報から「――だろう」という推測の記事を読んだときに鵜呑みにして、そのまま子どもに伝えるので、子どもも「だろうな――」と受け取るしかありません。これだけでも海外諸国とは大きな差があります。

南米では膨大な数のエージェントの情報を手掛かりにできる

海外の場合、ヨーロッパも南米もエージェントが非常に多いので、南米であれば、エージェントがまずお金のあるメキシコリーグを目指し、その上で「メキシコで活躍をしてからこっちに行こう」などという道筋をつけることができます。代理人の情報から子どもに明確な情報を伝達できるのです。特に南米はエージェントが、どこの国がいくら稼げるという事情を非常にわかっていて、子どもに説明してあげられるのです。「お前はこのくらいの実力だから、お前はこの国でプロになって、その後にここに行って、メキシコでガッツリ稼いで帰ってこいよ」

といった説明ができるのが南米のエージェントなのです。

南米の場合は、エージェントは親が担うことが多いのですが、サッカーの事情をよくわかっています。アルゼンチンやブラジルはサッカー輸出国なので、選手が色々な国に飛んだあとに帰って来たとき、「あの国はいいらしい」といった情報が一斉に流れるのです。エージェント同士が話をするなかで「あの国はいいらしい」という情報が溢れ、しかも適確なのです。

南米の場合、子どももサッカー選手に〝ならないといけない〟事情があります。〝なりたい〟ではないのです。お金を稼がなかったら家族を食べさせることができないので、「じゃあ、俺はこういうふうな道を歩むぞ」と言い、バルサやレアルには目もくれず、早い段階で自分の道を選択できるのです。

日本の場合、プロになった選手たちが、ヨーロッパでもセカンドクラスと言われるベルギーなどにまず行き、そこからステップアップを模索することがあります。

それを育成年代のうちから明確に伝えられる人がいれば、子どもたちの頭の中の考え方も、もう少し柔らかくなると思います。

スペインの下部リーグはアンダー日本代表のレベル

高校サッカー選手権に出場した実績があるなどの日本のトップレベルの選手が狙うとすれ

ば、スペインのセグンダB（実質3部）が現実的な狙い目だと思います。今、セグンダBにいる日本人はバルセロナB所属の安部裕葵選手しかいませんが、このリーグにいればアンダーの代表に呼ばれてもおかしくはありません。U－23代表には入れるレベルになると思います。

そこからヨーロッパのラトビア1部リーグ、スイス1部リーグにステップアップするイメージです。ラトビアの1部で1位や2位につけるチームであれば、良い選手で給料は月50万円ぐらいほど受け取っています。スペインのセグンダBであれば月に約20万円ほどです。そういうことを全部知識として知っておくことが大切なのです。お金のステップアップとしてはセグンダBに行き、ヨーロッパリーグに行き、そこで活躍をして次のステップを考えればいいのです。

日本のトップレベルの18歳であれば、頑張ればセグンダBに入れるかもしれませんが、なぜなかなか入れないかといえば、繋がりがないからです。セグンダBだけでも80チームほどあるのですが、去年まで日本人はゼロでした。レベルは高いのですが、プレーできないことはないと思います。その下のリーグのテルセーラ（実質4部）で6、7人ぐらいはいます。そこはセミプロなのでサッカーだけで生活するのは難しいです。その下のリーグのプレフェレンテ（実質5部）に入るとかなり活躍しないと評価されるのは難しいと思います。

海外志向の選手たちは、今、みんながヨーロッパに行きたいので、ヨーロッパの指標で選ぶとすればスペインの場合はテルセーラが妥当なレベルだと思います。高校を卒業したときに頑張って入れるのがテルセーラ。ただ、試合に出るのはテルセーラでもかなり難しいです。サッ

スペイン国内リーグの構成

1部　プリメーラ・ディビシオン

2部A　セグンダ・ディビシオン

2部B　セグンダ・ディビシオンB

3部　テルセーラ・ディビシオン

（以降は地域リーグ。参加クラブ数、昇格・降格の条件などは各地域によって異なる）

1部　プレフェレンテ

2部　プリメーラ

3部　セグンダ・レヒオナル

4部　テルセーラ・レヒオナル

プリメーラ・ディビシオンがレアル・マドリードやFCバルセロナなどが所属するリーグ。その下にセグンダ、テルセーラが続く。セグンダBであれば、給料は月に20万円ほど。テルセーラであれば、もらえる選手で10万円くらいとなり、ほとんどの選手は出場給と勝利給だけになる。

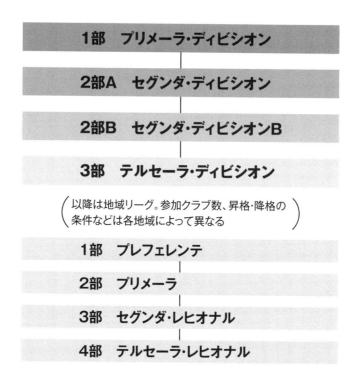

カーが全然違うし、体の当て方やフィジカルなども全然違います。

海外に出て学ぶ時間もないほど忙しい日本の指導者たち

日本の指導者たちは、世界でもトップレベルに「忙しい」と言われるほどです。彼らが所属するクラブが、1カ月ぐらい指導者としての研修期間をクラブ負担で与えてあげるなど、クラブに良いものを還元させるためにも指導者に学ばせてあげて、アウトプットからインプットすることができれば、それが好循環になっていくと思います。

ただ、そういう時間とお金に余裕があればいいのですが、日本はお金も時間も指導者にかけることはあまりしません。誰かが外に出て学び、誰かがその間はサポートするようなシステムがあれば、もっと良くなっていくとは思います。

誰もが外に出ずに隣の情報だけを拾ったところで厳しいのです。海外の場合、国際大会が頻繁に行われます。そこで現実に直面し、肌で感じることができるし、情報交換もできます。

今、日本にはスペイン人の指導者がかなりきていますが、それもきっかけがありました。「スペイン人が良かったから、スペイン人でやってみよう」という流れがあり、今はスペイン人が増えているのです。誰かが外に出て、きっかけを作らない限り、クラブ自体も進化しないと思います。

ここで、2020年のインターコンチネンタルカップ決勝を現地観戦した高校サッカーの指導者の方が寄せてくれた感想を紹介します。

決勝のカードは、レアル・マドリード対インテル・ミラノ。2007年生まれ、小6の子どもたちによる決勝戦です。

今回は色々と手配していただきましてありがとうございました。

恥ずかしながら私は定年まで高校でサッカーの指導者をしていたにも関わらず、海外で子どもたちの試合を見たのは初めてでした。

日本では強豪校と言われているサッカーの監督。

試合に勝ち続ければ周りの高校からは持ち上げられ、選手権に出場すれば学校ではいつしか私に何かモノを言う人はいなくなっていました。

今回、ドバイに行き、世界トップの子どもたちを見て率直に感じたのは、これがサッカーだったという衝撃、そして感動でした。

私は自分の指導にプライドを持って35年間指導して参りました。

ただ、今思うのはもっと早くこの環境を見ておくべきだったという後悔。

いかに自分が狭い世界でサッカーを指導していたかということを痛感致しました。

あのスパニッシュ対レバンテの試合。

試合後にすべての選手たちがグラウンドに入り、全員が歓喜の輪に包まれました。

私のチームにあそこまでの輪を作ることは難しいかもしれません。

やはり、試合に出られない選手たちは悔しさを抱え、出られない選手たちの親も不満がある。それが当然。ただ、あの試合が終わった瞬間にあそこにあったのは、そんな小さなことより遥かに価値があるすべての選手、親の歓喜でした。

私は定年後に初めてドバイに来て、人生で初めてサッカーとは何かを知ったような気がしています。


稲若さん、どうかこれからも子どもたちを世界に出してあげてください。

私は自分の固定観念とプライドを捨てきれずに歳を取ってしまいました。

ドバイで見た光景は言葉では表せないものでした。

もし、日本があの決勝の舞台に立つことができる日が来るとしたら。その時は数多くの子どもたちが世界に羽ばたいている時だと思います。

決勝のレアル・マドリード対インテル・ミラノ。この試合を生で見れたことは、サッカーの監督を長年してきたことへのサッカーの神様がくれたご褒美かもしれません。

ただ、もう30年早くこの試合を見ていたかったです（笑）。

今回は本当に色々とありがとうございました。

これからもたくさんの子どもたちのこと、どうぞよろしくお願いいたします。

■サッカー強豪国の練習は例外なく量よりも質

海外の国と比較したとき、やはり日本だけが1月から12月までフルに動き回っています。スペインでは6月20日から8月20日までは絶対に休みを取ります。アルゼンチンも12月と1月の2カ月間は休みです。つまり、1年間のうちの60日間はどんな選手も活動していません。トップチームの選手たちも活動しないオフの期間が1カ月はあります。

でも、日本人には美学があり、練習をしている自分に安心し、落ち着くのです。これは指導者にも同じことが言えます。子どもを指導していないと指導者が不安になってしまうので、練習をせざる得ないのです。

たとえば、カズ(三浦知良)がシーズンオフ中にグアムでトレーニングをスタートさせたとなると「カズさんがやっているのなら俺たちもやらないとダメだ」と若手が動き始めて、あっちこっちが動き出すのです。そして結果として悪循環が生まれます。焦ってしまい、結果として故障をするなど、長いシーズンがもたない選手が多くなるのです。これは日本人の悪い文化だと思います。日本人は量の中で生きているのです。

しかし、サッカー強豪国はどの国も量より質です。1日3時間も4時間も練習をしないし、とにかく質にこだわっています。

加えて、自由な時間をもっています。公園でサッカーをしたり、遊ぶ時間だったりを大切にしています。そして、家族と過ごす時間も大切にしています。

それなのに、日本だけが指導者の言うことがすべて正しいとされているのです。チームの練習があったら必ず行きなさい、という強制だとしても正しいとされる。この文化は世界と比べたら異常ですね。もっとも練習をしている国なのに、もっとも結果が出ていないのですから。

週に一回だけある試合に全選手を集中させて競争力を維持する

日本では、体と体のぶつかり合いを避ける綺麗なサッカーが是とされています。小学生でも、中学生でも、高校生でも、あまり試合が止まりません。でも、ヨーロッパや南米の同年代の試合はかなり止まります。特に、体と体のぶつけ合いを厭わず、まさにサッカー代理戦争と言われる所以を目一杯に体現します。彼らはまだ小さい頃からリーグ戦が常に行われています。試合は週1回。そこにすべての力を注がせて戦いに挑ませ、集中させるのです。

一番わかりやすい例としては紅白戦です。日本のピッチでビブスを引っ張ったらどうなりますか？　審判は止めますよね。これがアルゼンチンの場合、それでも紅白戦では笛を吹きません。止めないでプレーオン。そうすると両者が熱くなります。それでもプレーオン、続行です。ファウルの基準もしかり、互いに戦っているのだからある程度は見守ろう、という精神なのです。審判の奥深さについても考えさせられると思います。

一方、日本では練習試合を1日5試合やることがざらにあるでしょう。常にリーグ戦があるわけではないので、だらだらと試合をこなしてしまうのです。量をこなせばうまくなる、という謎の理論があるのでやらせてしまうのです。量をこなせばうまくなるのであれば、今頃日本は世界一になっています。

しかし、大事なことは、〝コンペディティーボ〟があることです。つまり、競争力があるということです。スペインの子どもたちは練習試合や公式戦をやるにしても、多いときでも水曜日に練習試合を1回入れる程度です。それも、ほとんどの選手は45分1本しか出場しません。日曜日にリーグ戦があるので、それを踏まえて45分の出場に留めるのです。南米もほぼ同じです。紅白戦は水曜日と木曜日だけ実施し、公式戦が日曜日だけ。それがみんなわかっているから、競争力を維持しながら全員の焦点が一つに集中するのです。この点は日本と大きく異なりますね。

スペインの高校生は週5回活動で完全オフが週2日

スペインを例に挙げて話をします。練習は9歳までは週に2回、試合が週に1回です。12歳までが週3回の練習と週1回の試合。これは南米もヨーロッパも一緒です。13歳以降は週4回の練習と週1回の試合。高校生ぐらいから週5回の活動があります。完全オフの日が週2回。

だから、週6回活動するということはありません。

練習時間は1日1時間半以上はやりません。

スタートから終わりまで、話を含めて1時間半が最大です。その代わり、練習中のレスト（休憩）の時間は非常に短いです。日本の練習風景のようにダラダラしません。

なぜなら時間が決まっているから、ドリンクを走って飲みに行き、走って戻ってくるのです。練習中に足が止まらないようにしているので、1時間半の練習でもみんなクタクタになって帰っていきます。

日本でも練習は1時間半、その時間にすべてを注ごうとする強度の高い練習を取り入れるようになるなど少しずつ良くなってきていると思いますが、昔が酷すぎた面はあると思います。ひと昔は根性論で「走れ！　走れ！」というものでしたが、それが間違っていたことが科学的にもわかってきています。もしそれが正しかったら、日本は世界一強い国になっているはずです。しかし、現実は何も変わっていません。

自由の中で育ってきた選手は想像力で伸びていく

さきほどの練習量の話と非常に似ているのですが、子どもが親に流され過ぎて、練習のし過ぎ、教えられ過ぎになっていることがしばしばです。それでも小学生まではいいかもしれませんが、その上の年代に進んだときに、もう身体の中に入る隙間が残っておらず、小さいときほど伸びていかない場合があります。

一番の問題は、やりたいサッカーが、やらされるサッカーに変わってしまい、楽しさを失ってしまうことです。

メッシ、ネイマール、ロナウジーニョなどは、自由な環境でサッカーをやってきたので、あれだけ伸びたのですが、日本の子どもたちは普段からしっかりと練習するので、隙間がなくなり、自由もなくなります。そこから自分を伸ばしていく方法がわからない。自分で自分の伸ばし方がわからないので、そこで止まってしまうのです。

自由の中の量であればまた話が違ってくるのです。ストリートで日が暮れるまでサッカーする子どもはやらされているわけではありません。自由の中で育ってきた選手は想像力で伸びていきます。たとえば、自分はこうやって伸びてきたので、こうやってやろうとか、自分の形やフォーマットができているのです。

練習はもちろん大事ですが、やればやるほどうまくなるという考え方は一旦置いておいて、ゴミ箱に捨てておきましょう（笑）。

練習で大切なのは、バランス、そして質です。

スペイン語で練習は〝JUGAR〟＝遊ぶ

小学生年代では、どのようなシチュエーションでサッカーに向き合っているかが大事になります。死ぬほど厳しくされて今の自分があるのか、自由の中で育ってきた先に今の自分があるのか。前者で育ってきた子どもは、中学生や高校生になり、自分の理性がある程度出てきたときに苦しみます。

逆に、後者は自分をよく理解できているので、壁に当たっても自分で乗り越える術を知っているからさらに伸びていきます。だからこそ、あまりにも厳しく練習をやらされ、親がプレッシャーをかけ過ぎると、子どもは早熟になり、成長が無くなってしまうことが多々あります。

本来、サッカーは自由に楽しむスポーツです。南米でよく見るのは、ストリートでサッカーがうまくなって伸びていく光景です。でも、日本の子どもたちはサッカーをやる場所がないから誰かに習うことになります。習うことで自分で考えるのではなく、言われたことがサッカーなのだと思い込んでやり続け、ある程度のレベルまで到達します。しかし、やはりプロになるには人から教えられることだけではなれません。結局は、自分自身がある程度考えながらサッカーができないと伸びていきません。だからこそ、子どものときは楽しさと自由さがないといけないのです。

スペイン語で練習は〝JUGAR〟です。遊ぶという意味の言葉です。でも、日本の練習は

〝Entronamiento〟と言います。レジェンドクリニックで来日したロベール・ピレス（元フランス代表）が「もっと練習しよう」と言ったのは〝ＪＵＧＡＲ〟という意味における練習です。もっとサッカーで遊びなさい、ということです。

親が子どもに聞き過ぎると親を喜ばせるためにプレーしてしまう

スペインのクラブは7歳、8歳からカテゴリーが1年毎に分かれています。7歳から始まり、日本で高校3年生に当たるフベニールＡにいくまで12カテゴリーあります。

日本では、サッカーも学校と同じシステムを採用し、6年、3年、3年。一度チームに加入してしまえばクビになることは、3年間はありません。

しかし、その3年間で問題点が浮き彫りになります。それは、中学1年生や高校1年生のときに、サッカー選手として一番大事な時間を走りや雑用などで過ごさなくてはならないということです。1年生は苦労しないといけない、というこの国の文化的なルールが未だに存在します。このシステムは絶対に見直す必要があると思います。

1年生のときにやっている雑用は世界では当たり前ではなく、日本だけに残る異常な文化です。ましてや、その子どもや大人をフォローしてくれるスタッフも当然ながらいません。

これは一例ですが、レアル・マドリードの場合、クラブに心理カウンセラーが3人います。

日本のお父さん、お母さんは息子に対してアドバイスも多々していると思いますが、カウンセラーは必ず親に二つアドバイスをします。1、まず家に帰ってからサッカーの話をしてはいけない。2、サッカーは親が教えてはいけない——。

これはレアル・マドリードなどトップクラブに限った話になりますが、親が子どもに対してどう関わればいいのか、ということを詳細に伝えます。親は子どもにどう声をかけたらいいのか、どうすればプレッシャーを与えずに子どもが育つのか。子どもが迷子になってしまうことが多々あるからです。

これは例え話ですが、親が子どもにあれこれ聞き過ぎるとどうなるか。

親「今日はどうだった？」
子ども「今日は活躍した」
親「良かったね」

次の日にまた、

親「どうだった？」
子ども「今日は点を決めたよ」

親「良かったね」

それを繰り返すことによって、子どもが自分のサッカーへの喜びではなく、親を喜ばせるためにサッカーをやるように変わってしまうのです。親は基本的に子どもに対してサッカーの話をしてはいけないし、教えてはいけません。海外ではその点で区別されていることが多く、指導者はサッカーを教える人、親は子どもを見守る人。子どもに無用なプレッシャーを与えないために、あまり話をしないのが暗黙の了解になっています。

そこまで根掘り葉掘り聞かないということです。たとえば、ああしたほうがいい、という親がいますよね。そこまで介入するのはよくありません。指導者がいて、教わっている人がいるのなら、その人を信頼して親は見守ってあげてほしいです。

▒ サッカー強豪国にはお父さんコーチはいない

日本の小学生年代のサッカーでは、昔から少年団が溢れています。その少年団では、指導者の数が足りておらず、お父さんがボランティアコーチとしてチームの指導に関わるケースがほとんどです。お父さんコーチの中にも、サッカーを経験している方もいれば、サッカーを経験したことのない方もいます。一方、他国では指導者は指導者という明確な括りがあります。アマチュアだろうがプロだろうが指導者は指導者。ライセンスを持っているし、しっかり教えられる人が教えています。

日本の欠点は指導者に競争力がないことです。サッカーを教える人がそれほどいないので現場にすぐ入れてしまう現実があります。日本の指導者の70％は未だにボランティアコーチという数字もあるほどです。

一方、サッカー強豪国は指導者が余っているほどなので、指導力のある指導者がどんどん下のカテゴリーまで落ちてくる状況があります。そうなると底辺まで質のある指導者たちで埋まっていきます。日本でお父さんコーチが子どもたちに適当にリフティングをさせて、シュートをどんどん打たせて、試合では「がんばれよ！」などという抽象的な言葉の数々が野放しになっている状況は海外にはありません。

今は日本にもスクールがたくさんありますが、スクールでさえも若いコーチが指導していて、楽しむことがメインになっていることがほとんどでしょう。結果として、子どもたちにはサッカーを学ぶところがありません。その後、中学校、高校で学校の先生にサッカーを習い、やがてサッカーを辞めていくのです。この流れをどこかで断ち切らない限り、日本は変わらない気がします。もちろん正解はわからないのですが……。

プロの指導者は子どもをリスペクトしながら指導できる

少年団のお父さんコーチたちを見ていてよく感じるのは、子どもに言い過ぎてしまうコーチが多いことです。

やたらと「俺は指導者なんだぞ！」という雰囲気を出し過ぎてしまうのです。仕事は対大人ですが、サッカーは対子どもなので、そこは考えなければいけない部分だと思います。

プロの指導者は「大人が偉い、子どもは従え」という考えはありません。子どもに対してもリスペクトを持って指導に当たります。

子どもたちはあまりにも言われ過ぎると、だんだんと「この人の言っていることは正しい」と思いながらサッカーをするようになります。しかし、それが本当に正しいかはわかりません。一つ言えることは、子どもに対してリスペクトを持たない関係などあり得ないということです。

さらに、この少年団制度の欠点として言えることは、選手の移籍が非常にしにくく、引き抜きがほとんどないことです。海外のクラブでは「あいつはいいぞ」という噂が回りに回り、必ずどこかのチームが引き抜きます。子どもからすれば、どこにいても活躍すれば上に行けるので頑張れるというわけです。

しかし、日本の場合は、どんなに少年団で頑張っても、いきなりJリーグのクラブから「君、うちのクラブに入らないか？」という声が届くことはまずありません。Jクラブと当該クラブの関係性、親との関係性、移籍をするに当たり乗り越えないといけないハードルがあるからです。

本来であれば、力のある子どもは移籍を繰り返しながらステップアップしていくのがベストです。「あの子は良い選手だから移籍したんだよ」「だからみんなも頑張ろうね」、そんな会話がそこかしこで生まれるような、いい流れをつくるべきだと思います。

それから、親同士がしがらみを捨てることです。親同士が色々と噂をする中で移籍の障壁となってしまうというのは、いったい誰のためでしょうか。

実力のある子どものためにも移籍させなければいけません。子どもが成長するために「この指導者が必要だ」と思ったときには移籍するべきです。そこにしがらみは関係ありません。

夢を実現するためには、それまでの周りとの関係は捨てるしかないのです。海外では友達に夢があるのであれば「お前、行けよ！」と送り出すのが当たり前です。日本のように「このチームで優勝するんだ！」というのが美学として語られるとしたら、それはおかしなことです。サッカー選手になりたいのならば、自分が上を目指せない環境にいつまでもいることは、一日一日を捨てていると思ったほうがいいかもしれません。それくらい、その場に留まることは意味を成しません。

■学校の先生が「高校サッカー界の名将」と持てはやされる日本

高校サッカーを学校の先生が指導している現状についていえば、海外では学校の先生がサッカーを教えているケースはありません。日本だけの文化であることは知っておくべきです。それなのに、日本のメディアは学校の先生たちを「名将」と書きます。

名将というのは、高校サッカーの中で勝ち星を挙げているから良い監督だ、という思い込みがあるからですが、結局は高校サッカーの中の名将であり、プロの指導者であれば、より理論的に教えられるのは間違いありません。

高校サッカーの悪しき例を挙げましょう。たとえば、年に1回、チームとして海外に遠征に行くことがあるとします。遠征先で色々なチームと試合をこなし、すごく良い経験になったという感覚を抱きながら、帰ってきたときに「あのときはああだったからこうだよね」と、現地で経験したことが海外のすべてという感覚で指導を展開する方々が少なくありません。

遠征したのはたったの1週間です。サッカーはそんなに甘くはありません。高校サッカーの先生たちがサッカーの1から10まで説明できるかと言えば、説明できない先生が圧倒的に多いのが実情です。

やはり、勉強を教えて、放課後だけサッカーを教える、という環境には限界があるように感じてなりません。日本の高校生に当たる年齢である、15歳から18歳の間というのは、海外であればプロになってもおかしくない年齢です。であるにもかかわらず、日本の場合は高校3年間はプロにはなれず、卒業するときの18歳になって初めてプロになれる可能性がでてきます。そういう学年単位で分けられる制度自体が、もう時代に付いていけていません。18歳までは高校サッカー選手権に出場して優勝しましょう、そしてその後にプロになりましょう、そんな仕組みは世界には存在しないし、その分だけ日本のサッカーは世界から取り残されてしまいます。そこは変えていかないといけません。

高校年代でサッカーをプレーする環境のすべてをクラブチームに統一するか、部活動の指導者をすべて外部に委託するか、このどちらかしか方法はないのだと思いますが、現状では、高校サッカーで優勝することそのものが目的である場合、そんな改革をしなくても問題はない、となってしまうのが結末でしょう。

高校サッカー選手権も日本の文化であり、100年の歴史を誇る伝統なので廃止にはできないと思います。ただ、世界では良い選手が16歳や17歳でデビューしてお金をもらって活躍しているのに、日本だけは才能がある選手が学校の大会のために頑張っている、という現状は世界からしたら理解されません。

時には日本の独特の文化が足を引っ張ることも頭のどこかに入れておいてもらえれば嬉しいかぎりです。日本が世界のトップに肩を並べるためには、この部分の改革がない限り差は埋まらないことが目に見えていますので。

■高校サッカーで活躍しても選手たちに値段が付かない

高校サッカーの一番の問題は、選手に値段が付かないことです。高校サッカーで活躍しても、他の国のスカウトなどからは、彼らを競争力が高いリーグに持っていったときに活躍できるのか未知数とされてしまうのが一番の問題なのです。

たとえば、サントスからレアル・マドリードに入ったロドリゴ・ゴエス。移籍金は日本円にして約58億円でした。これが世界の市場で18歳の選手につく値段なのです。ヴィニシウスも好例の一つでしょう。17歳や18歳という年齢のときに60何億という巨額がついているのは、あのリーグであれだけ活躍できるのだからこの値段で買いましょう、という話になるからです。

しかし、日本の高校サッカーでどれだけ活躍しようとも30何億も出せるクラブはありません。学生同士のサッカーの環境でどれだけ活躍しても、ヨーロッパで活躍できるかどうかの指標にならないからです。あの何万人の熱狂的なお客さんの前で耐え得るメンタルを持っているんですか？　と聞かれてもわかりません。だからお金を払えない、となってしまうのです。高校サッカーには競争力はありません。なぜならば、学生サッカーだからです。良い選手もいます。しかし、彼らをヨーロッパに連れていったとき、あの熱狂的な観客たちがいる中で、あの激しいボディコンタクトがあり、その中でどのぐらい活躍できるかがまったく読めません。これが高校サッカーから選手が海外に飛べない理由であり、日本が発展できない理由かもしれません。

日本のサッカー文化にない「選手を売る」という考え方

日本のサッカー文化にないのは、選手を売る、という考え方です。それゆえ、クラブはずっと貧乏だし、選手はプロになることで目標を達成してしまいます。選手の隣にエージェントが付いて、選手をこの価格で売ってやろう、という野心家もいません。

エージェントもプロからプロへの移籍は担いますが、若い選手に目をつけません。そもそもこの国のシステムとして、高校サッカーの選手を売ることが禁止されています。FIFAの「18歳までは代理人をつけてはいけない」というルールがあるから遵守しているわけです。

しかし、それもこの国だけの文化です。他の国はなんだかんだで選手に目をつけていて、17歳の選手でもプロになれば価値に応じて売ろうとします。他の国の場合、「選手を売るために育てる」という考え方ですが、日本の場合は「プロにするために育てる」という考え方をしています。プロにすることが最終目的地。でも、他国は選手を売ってクラブが利益を得る。売るために選手を育てる。売るのであれば若いほうがいいから17歳までにプロにする。才能があるので育てて価値をつける——そういう考え方が日本は乏しいのです。その考え方があるかないかで育成の方法が全然異なるのは明白でしょう。

久保建英選手がレアル・マドリードに移籍したとき、FC東京が手にした金額は0円でした。やはり、日本的な考え方や美徳があるからなのでしょう。選手が頑張っているから背中を押したい、綺麗ごとの建前が前面に出てしまい、結果として0円で選手を出してしまう。そんなことは海外のクラブでは絶対にありません。

〝基本〟とされることにもっとズル賢いプレーも入れるべき

日本の指導者に「基本となる練習を3つ、子どもたちにやらせてください」と言うと、おそらく、パス練習とシュート練習とドリブル練習が始まると思います。この点だけでも、海外と日本では〝基本的なこと〟の概念がそもそも違います。

たとえば、こういうことを日本では教えません。

「サッカーはどこでファウルをしてもOKで、どこでファウルをしてはいけないんだ」

「どこでボールを奪えばいいのか、どこで相手に体を当てれば突破を阻止できるのか」

こういった勝負に勝つために大事なことをしっかりと教える機会が非常に少ない文化だと思います。基本が1、2、3と杓子定規的に決まっていて、だからサッカーがすごく綺麗で、あまり接触のないプレーを好むようになるのだと思います。しかし、残念ながら、その綺麗なサッカーでは海外に出たときに勝つことはできません。

南米の子どもであれば、「あの審判はあまり笛を吹かないから、ガッツリいっちゃおうぜ！」などといった会話が聞こえてきます。でも、日本ではそのような光景はあまり見ることはありません。これがたとえば、学校であれば「あの先生は怖くないから、この授業はサボっても大丈夫だな」などと先生によって態度を変えて力を入れたり抜いたりすることができるでしょう。もちろん、良いことではないですよ（笑）。でも、サッカーでは「あの審判は全然ファウルをとらないからガッツリいっちゃおうぜ」という会話は試合に勝つために非常に大事なのです。

そういう意味で、南米における〝基本〟に含まれるものは非常に広いのです。

「あの審判は走るのが遅いから、ここまで行けばオフサイドをとられないぞ」

「今日はあいつか。あいつはすごくファウルを取るから気をつけようぜ」

これが南米の子どもたちが試合前に交わす会話です。

つまり、日本でも試合を勝ちに行くために、もっとずる賢いプレーを〝基本〟の中に入れて当たり前にしないといけないと思います。学校の授業であれば、算数、理科、社会、国語、英語。サッカーであれば、パス、シュート、そしてマリーシア、といったように。

バルサのメニューを真似するだけでは何も子どもに伝わらない

色々な指導者の方が僕に「海外の練習メニューはどんな内容ですか？」と聞いてきます。その話をすると、そのまま子どもたちに「こんなことをやっているらしいよ」と伝えて、そのままやろうとするようです。

これは傾向として繋がる話ですが、たとえば、バルサを好きな人がバルサの練習を見たとします。その後、子どもたちに向かって「この動画をみんな見てくれ。この練習を今日はやろうぜ！」と嬉々として実践する光景があります。結果として、その練習には何の意図もなく、単に綺麗で格好いいからやっている、ということが非常に多いのです。

つまり、子どもたちに何も伝えられていないのです。大事なのは言葉です。

「この練習はこういう状況で、これらのときに使います」

練習の意図を論理立てて1から10まですべて説明できるからこそ、その練習が輝き、意味を成すのです。日本には、意図を説明できない、勘違いをしている指導者が多いと思います。大事なのはメニューではなくて、言葉をかけること。それがどれだけ大切なのか理解しないといけません。

良い指導者は言葉ですべて説明できます。練習の意図を1から10まで言えるし、その言葉がすごく重いのです。

具体的に言えば、「3対2の状況です。このときにこの選手が動くことでディフェンダーの1人が引っ張られる、そうしたらこっちが2対1になりますよ」などといった具合にです。日本の多くの指導者の場合、3対2のシチュエーションでは「こっちに開けばいいだろ。グラウンドを大きく使えよ」「グラウンドを大きく使えばパスがまわるだろ」といった抽象的な言葉掛けが非常に多いと言わざるを得ません。1から10まで説明できるか、1、2程度で終わってしまうか、その大きな違いがあります。

指導者が理解して言葉で伝える。そのための努力を続けるということです。子どもたちに対して明確に伝える。結果として何もわかっていないる子どもたちが何となく成長しているだけです。だから、結果として何もわかっていない状況があります。その子どもたちが何に困るのかといえば、その先で海外の本物の指導者に出会ったときに「この選手は何もわかっていないじゃないか……」となって評価されないことです。技術はうまい、ボールコントロールはうまい、でも、それだけだ、という評価を下されてしまうのです。

「この練習はこういう意図があって、こういうことを、こういうシチュエーションで、だからこの練習を今やっています」などと、子どもが自分の言葉で言える状況をやはり作るべきです。そして、良い指導者であれば、うまく子どもを導くことができます。良い指導者には分解力があるので、良い言葉を伝え、理解させることができるのです。

優秀な指導者は勝利への道筋を何パターンも持っている

どの監督にも自分の勝ち方というものがあります。今まで色々な監督の通訳をやってきましたが、誰もが「そこでボールを奪って、そこに繋いで勝ちましょう」といった自分の形を監督自身が持っているのです。

それなのに、日本だけはシステムにすごく頼っている傾向が強いです。4－4－2でどう、3－5－2でどう、といったように。解説者も同様です。「今日は3－5－2ですね。じゃあこうですね」という説明にこだわり過ぎていて、結局、数字でしか話ができない傾向が強いように感じます。

海外の指導者は、4－4－2だろうが3－5－2だろうが、結局、サッカーは11対11だと理解しています。なぜなら、ポジションは瞬時に変わるからです。試合開始時のシステムが、3－5－2であったとしても、それは5バックになったり、4－4－2になったり、局面が瞬時に切り替わるなかで「こう勝ちましょう」という勝利への明確な道筋を監督が持っています。そこに、日本との差を感じずにはいられません。相手をどうやってハメて、どうやってボールを繋いで、どうやってゴールまで行くのか。それを明確に説明できなければ、子どもたちもどうしたらいいのかわかりません。

かつてトヨタカップを3回制覇したカルロス・ビアンチ（元ボカ・ジュニアーズ監督）には勝ちへの道筋がありました。

「1回引いて、ディフェンスラインのペナルティエリアの前でボールを取りましょう。ここから真ん中にいるバタグリアにつないで、そこからサイドに展開し、そのときにはリケルメが走り、リケルメで起点を作ってからパレルモを使おう」

こういうパターン化された戦術を何パターンも持っていたのです。

しかし、日本の場合はそうではありません。たとえば、Jリーグのある監督が「うちは前からプレスをかけることをやっています」と言っていました。うちは前からボールを取るんだ！と。でも、レアル・マドリードと対峙したら、前から奪いに行っても絶対に取れません。どんなにプレスをかけてもいなされて終わりです。それなのに、1が行ったら、2が行って、3が行く、といったような、小学生でもわかるようなことをJリーグのトップチームで自信満々にやっているのです。それは、ちょっとまずいのではないかと思います。

世界を取れる監督は、よくわかっています。自分たちの頭の中にある程度のフォーマットがあるのです。モウリーニョ、グアルディオラ、そういった指揮官の頭の中には自分自身の勝ちへの道筋があります。それがないと勝てません。

日本人の指導者は、試合に勝つことよりも、ゲームを支配すること、ボールを保持することに言及する傾向が強いように感じます。その結果、ゴールの取り方が曖昧になってしまっている。日本のサッカーは、最終的にゴールを奪おうとするときは、サイドからのクロスボールばかりです。このポイントを取ってからクロスボールをあげましょう、といった攻撃パターンが非常に多い。しかし、それだけではなかなか勝てません。海外の監督はリスタートの戦術も色々なものを持っていて、その数が全然違います。まさに第2章で紹介したアルゼンチンでのセットプレーの種類のように、多数の手札を準備しているのです。

▩あの試合は「勝てた」と「勝てなかった」の大きな違い

「いや、あの試合は勝てた」

日本人の指導者たちがよく口にする言葉です。結果として勝てていないのに、それを認めない。認めないことが成長を止めている気がします。子どもたちも同じです。

「あの試合は惜しかった。次やったら勝てるよ」

次はないし、それで終わりなのです。

海外の監督は試合のあとにしっかり話をします。

「今日負けたのはしょうがない。今の実力だから。切り替えてやらないといけない」

そして、試合後には海外のクラブは相手に対して「いいチームだな」と必ず声をかけてくれます。小さなことかもしれませんが、そういう細部にも差があると思います。

試合を報じる日本のメディアもなかなか難しい立場にあると思います。「日本はダメだ。もう終わりだ」などとは書けません。みんなオブラートに包んでいる。スポンサーの絡みなどがあるのも理解はできます。その記事を見た国民は「次はがんばろう！」となる。

一方、海外ならばしっかり書きます。ダメならダメでメディアがしっかり伝える。ダメなものはダメ。そう考えると、セルジオ越後さんはすごくいいです。言わないと伸びないし、プロというのはそういうものという自覚がある。アルゼンチンではファンの力が大きく、結果が出ない選手は3試合で大ブーイング。だからこそ強くなるのです。勝っても負けても拍手する国では強くはならないと思います。

日本の場合、内容にフォーカスして評価する傾向が強いように感じます。

一方、南米の選手などは、ゴールを決めないと、結果を出さないとクビになるという気持ちが強い。海外の監督たちも、たとえば、4試合も負けが続いたらクビになる、という危機感があります。勝たないと生きていけない。日本のように「次だ」という言葉に頼ることはありません。

海外の場合、選手たちのローテーションも早いです。日本は一度契約をしたら最低1年はそのクラブにいることができます。でも、海外ではダメならば早い段階でクビを切られてしまう。クビを切られたとき、給料は満額払われません。南米ではクビを切られたらそこで給料がストップします。それが南米の常識です。契約の紙を持ち出して話をしても、紙を破られて終わりです。考えられない話ですが、首を切られてからまだお金をもらえると思ってるほうが南米では考えられない話です。

子どもたちは試合に出ないと成長しない

このように南米では、サッカーは結果が求められるスポーツです。まさに勝負の世界。しかし、日本の育成年代に目を向けると、勝負へのこだわりというものが、海外と比べると軸がずれている気がします。

たとえば、ジュニア年代で行われている全日本U－12サッカー選手権大会に勝ち上がるチームを見ていると、ほとんどのチームはあまり選手を代えません。せいぜい一試合で起用するのは10人程度（8人制の場合）。16人を登録できても、20分ハーフで起用するのは10人ほどだけ。一方、海外のクラブであれば、ほとんどのチームが選手をローテーションさせて起用します。リーグ戦ならまだしも、トーナメントの大会でも必ず全選手をローテーションしながら勝ちに行くのです。

海外のクラブは競争を意識させながらも、12歳頃までは全選手を起用する傾向が強いです。バルセロナやレアル・マドリードでは15歳や16歳の年代でも全交代枠を使ってローテーションします。勝負にこだわりながらも、やはり、選手は試合に出ないと意味がないと考えているのです。

僕らも国際大会に出場するときはできるだけ全選手を起用するように意識しています。全選手で戦ってこその勝利を求めています。もし、ジュニア年代の大会の8対8の試合で、選手交代を全くしないという状況が本当にあるのであれば、チームの方針や試合の流れなのか、理由はわかりませんが、少し改善してあげてもいいかもしれません。

勝ちにこだわるのであれば、能力の高い8人を使い続けたい気持ちもわかります。ただ、たとえば、0－1で負けている状況で「相手のここの選手が穴だから、そこに速い選手を入れてみよう」と戦略を組める指導者があまりいないのかもしれません。

ゲームの流れや戦況を読めれば、そういう勝負の手を打てるでしょう。全国大会を戦うようなチームならば、ベンチにも相手をかく乱できるような良い選手はいると思います。そのときに指導者にその選手を試す度胸がないのかもしれません。

日本人が強豪クラブとの間に明確にあるプレーリズムの違い

レアル・マドリードにトゥリスタン・セラドルというカンテラでもっとも古い監督がいます。彼は20年ほどレアル・マドリードに在籍しているのですが、彼は毎年、中学3年生から高校1年生のちょうどプロになるかならないか、一番きわどい年代の監督を担っています。

2019－20シーズンは、中井卓大選手がいた2003年生まれの年代の監督を務めていて、翌シーズンは2004年生まれの年代を担っています。必ずその年代の選手を見る門番のように君臨しています。

彼は「日本人がどんなにうまくてもレアル・マドリードでプレーできないのは、一つだけ問題がある。それはプレーリズムだ。それが明らかに違う」と言っていました。「そこが変わらない限り、日本のどんなにうまい選手が来てもプレーをするのは難しい」と。

レアル・マドリードのカンテラでもっとも古い監督のトゥリスタン・セラドル（右）。

プレーリズムというのは、テンポもそうですし、ボールをもらってパスをする流れもそうです。日本人が輪の中に入ると周りからすれば、何テンポか遅れているように感じるのです。ファーストタッチの置き所にしても、日本人の頭の中には選択肢としてドリブルがある場合もあるので、遅くなってしまうケースがあるのです。そのプレーリズムの遅さについてトゥリスタン・セラドルが何度も指摘していました。

これはレアル・マドリードに限らず、Jリーガーが海外のチームに移籍して最初に苦しむことの一つとして、このプレーリズムがあると思います。このリズムというのは、〝準備力の差〟でもあると思います。どんな練習でもレアル・マドリードの子どもたちは常にステップを踏んでいます。

一方、日本の子どもたちは自分のところにボールが来なければ、両足が地についていて、常に準備ができているわけではありません。これは普段からの練習の意識の違いもあるでしょう。自分の元にいつボールが来てもいいように準備しているかどうか、その普段の意識の差だと思います。

久保建英も中井卓大も日本人の中に入るとプレーが速い

テンポ、リズム、そこを突き詰めることは究極だと思います。どうスピードを上げて、どう無駄を省くのか。どこでボールを止めて、どこで出すのか。海外の選手たちはそこで判断ミスが起きません。自分自身が選択したパスやポジショニングに絶対の自信を持っているわけです。だからリズムが落ちません。一方、日本の場合は、決まり事――たとえば、パスを出したらワンツーで走りましょう――という部分に関しては自信を持ってできます。

ただ、自分で考えて判断する部分に関しては明らかにリズムも変わるし、スピードも落ちます。スペインでいえば、戦術的な決まり事はありますが、日本のようなパス・アンド・ゴーといった決まり事はなく、伝統的なものもありません。選手たちは常に考え、常に判断しなければいけない環境で育ってきています。

日本人の選手の場合、決まり事が頭の中にたくさんあって、その決まり事を破れないとか、あまりにも教えられ過ぎていて変えられないとか、そういう壁はあると思います。

海外でプレーしている日本人の子どもは、技術レベルは非常に高いのですが、監督が試合に起用しないことも多々あります。それはプレーのリズムだったり戦術理解だったりが他の選手たちと比べると落ちるからです。

久保建英選手の場合、バルセロナに5年もいたのでスペインのリズムが身体に染み込んでいます。この点について他の日本人が身につけるには、やはりスペインの環境に慣れないと難しいと思います。

たとえば、ピピが日本人の中に入ると、彼だけが速いのです。ボールをもらう動作も一瞬にしてサポートに入れるとか、要するに頭のスイッチの違いです。それがレアル・マドリードのリズムなのです。無駄がないし、考えているし、ゴールの奪い方をよくわかっている。こういうふうに行けばゴールに行けるのでは、といったゴールまでの道筋を見つけるのが速いのです。

国によってサッカーのリズムが違います。そう考えると、日本のサッカーは少し頭で考えるリズムが遅いと思います。走るのは速いし、運動量も豊富です。しかし、判断する頭のスピードは遅く、ボールを回すスピードも遅いように思います。その部分で慣れてくれれば、もっとヨーロッパで活躍する選手が出てきてもおかしくないと思います。

子どもが自らの意志で海外へ渡ったのならば親は放任すべき

日本の親はすぐに納得します。たとえば、自分の少年チームにブラジル人が入ってきたとします。良い選手であれば「お、あいつはスゲー」となり、彼をスタメンにしても誰も文句を言わないでしょう。「すごい子どもが入ってきた。これでチームが強くなる」と納得するのです。そして当たり前のように試合に出場するようになります。

でも、これが南米であれば、どんなにうまい選手が入ってきたとしても「ちょっと待て」となります。「なんで、こんなヤツをいきなり使うんだよ」と親が出てきて、監督に抗議します。「確かに彼はうまい。でも、まずはうちの子どもを出してくれ」と。そういうことを親が言ってくるのが南米人です。

日本とはまったく正反対ですね。いったいどちらが正解なのでしょうか？

子どもが自分で決断しようと決め、親もそれに納得して背中を押してあげる。それを子どもが監督に伝えるために自分で話に行く――この流れが子どもにとって一番良い流れだと思うのですが、この流れが簡単そうで難しいです。何が難しいのか。子どもに決断を促すのが非常に難しいのです。

日本の場合、親が先導して「こうしましょう」「こうしなさい」となってしまうケースが往々にしてあります。要するに、親が我慢できないのです。

監督の立場から言えば、子どもに対して「お前はこうだからこうしなさい」とアドバイスをしているつもりが、すでに結論を出してしまっているケースも多々あります。結論を出されてしまうと子どもも「そうします」と決めてしまうケースが非常に多いのですが、監督の意見がいつの間にか自分の意見に変わってしまっていることもあるでしょう。

それではサポートになりません。子どもが決めるまで我慢して待ち、その決断を親が理解し、それを監督に伝えるという循環ができれば、本当は一番良いと思います。

南米のように、あまりにも親が子どもを守るために出ていくのも良くないと思います。監督が良い選手が来たときに「あいつはすごいからすぐに試合に出そう」とするのも違います。その塩梅がすごく難しいところです。

親は、我慢する、見守る、といったことをどれだけできるか。その昔は、親と子どもの連絡手段がなかったので、親は我慢強かったものです。海外に行きたいと志願した息子を諦め半分で海外へ送り出していたと思いますが、今の親は、SNSやブログから自分の息子の様子がタイムリーにわかります。だからこそ余計に気になってしまい、我慢できずに連絡してしまうのです。

「ケガをしたと聞いたのですが大丈夫ですか？」

親御さんからそんな連絡をもらうことがあります。しかし、親が見守ることができるのか、できないのか、この2つの対応の違いによって子どもは変わっていきます。本当に心が強い子どもは自分から一切連絡もしないし、親としても放っておいても大丈夫です。自分で決断して海外へ行っているのであれば、後はもう親は見守るだけというスタンスが一番良いのですが、年々、子どもに連絡したがる親が増えているのが事実です。これは子どもが海外へ渡る時期が低年齢化していることも一つの理由かもしれません。でも、できる限り親が我慢することによって、子どもは1人で頑張らなければならず、それが成長につながる大きな一歩になるのだと思います。

大きな違いとして認識すべき「育て方」と「育ち方」

「育て方」というのは、親が自分の近くで育てること。「育ち方」というのは、色々な人に出会い、子どもたちが周りの環境に育てられてどんどん成長していくこと。

やはり、海外に留学し、言葉のわからない国に行けば、今までの当たり前が当たり前ではなくなります。壁にぶつかり、もがく中で、子どもは環境に順応しながら解決策を見つけて成長していきます。どちらが良いのかという比較はできませんが、〝育てる〟と〝育つ〟という両者にはやはり大きな差があります。

僕もアルゼンチンという国に行かなければ、ここまで強くはならなかったという確信があります。

親元を離れると、あとは自分でやるしかないので自然と育っていきます。親の頭の中で「こういうふうに育てよう」という考え方は、親が事前に準備したレールに乗せているだけです。一方、〝育ち方〟の場合は、レールそのものを自分で引いて進まなければなりません。

先ほどお話をした〝親が我慢をする〟という話にも繋がるし、非常に似ていますね。

子どもに自信を持たせるためには？

海外の親はとにかく褒めます。子どもがどんなに失敗しようが、どんなにミスをしようが、どんなに試合に負けようが、最後は必ず親が「よく頑張ったぞ！」と言ってあげます。子どもに対して「失敗することは良いことだ」と教えてあげているのです。

一方、日本の親たちは「何でできないの？」「何でこうなんだ！」と、失敗に対して怒り、怒鳴る光景がそこかしこにあります。

この差は大きいのではないでしょうか。

今、僕が夢先生（「JFAこころのプロジェクト」の事業として行われる夢の教室の先生）を担当させてもらうことがあるのですが、中学2年生くらいの子どもたちでも全然、手を挙げないのです。そして発言もしません。そこで僕はこう聞いてみたんです。目をつぶってもらい、発言をしない理由について「恥ずかしい人？」と聞いてみると、ほとんどの子どもたちが手を挙げます。あるいは、周りの人に何かを思われるのが怖い、という子どもがとにかく中学生に多いようです。

チャレンジをする云々の前に、自分に自信がないから勇気を出すこともできない。アルゼンチンであれば、みんなが手を挙げて前に出てきてケンカをするくらい、自分が先に発言をするという自主性がものすごく強いです。

そうなるのはなぜか。一つは、親が子どもをすごく褒めて育てているからです。子どもが自分の意見を言うことによって起きる結果を受け止める。それを親は褒めてあげる。そういう良い循環ができているのです。日本の場合、親と子どもの間にそのような関係ができていないので、まずそこを変えていかないといけないと思います。

これは日本の子どもが海外に行っていようが、行っていまいが、関係ありません。海外に行っている子どもたちを集めても、全然手は挙がりません。それはつまり、育ってきた環境に起因するのだろうと。日本人の子どもの場合、ある程度の年齢に到達したときに、周りの目を気にして恥ずかしがってしまう時期が来るのです。

では、その状態からどうやって子どもに自信を持たせるか、というのがポイントになります。改善しなければいけない一つに、学校の教育システムがあります。そこでは先生が生徒を指名して答えさせてしまうことが常識になっています。子どもは挙手することなく、先生に当てられるのをじっと待っています。

しかし、ここでは強制的だとしても子どもに挙手させたほうがいいのです。社会に出たときに絶対に必要なのは自主性です。自分から目立たない限り、社会は自分を見てくれないのです。

■親のメンタルが弱ければ自ずと子どものメンタルも弱くなる

親のメンタルが弱ければ、子どももメンタルは弱いというのが通例です。色々な人を見てきましたが、親が子どもに構っているケースほど、子どものメンタルが弱くなり、試合でも力を発揮できない傾向が強いように感じます。

小学生の大会で親が応援に来る子と、親が応援に来ない子がいるとします。このとき、親が応援に来る子どものほうが力を発揮することができません。みんながちがちになってしまうのです。いざ活躍する子どもというのは親が応援に来ていない子どもが多いです。解き放たれたように活躍をします。

親が応援に来ている子どもは縮こまってしまって活躍できないのです。たとえば、雨が降ったときに親がタオルを持って来るようなことがあります。そういう細部が、子どもの心が強くなるかどうかに関係します。親が子どもを放っておけば放っておくほど、子どものメンタルは強くなる。これは僕が思う最終結論です。あるいは、親が子どもと距離を置くほど子どもは伸びる傾向にあります。それは子どもの年齢が早ければ早いほど良いです。

親子の距離が近すぎるほど、子どものメンタルは弱くなります。親が子どもを構ってしまうと、一方の子どもは親を頼ってしまいます。

将来、いざというときに力を発揮できる選手を育てたいのであれば、親は子どもからある程度の距離をおいて見守るべきです。その上で、大人から指示を出すのではなくて、子どもの自主性に任せるのが大事なのです。

錦織圭やメッシもそうでしたが、やはり孤独という環境が人を成長させます。何を考えているのかわからない子どもは、とにかくメンタルが強い。本当に「この子は何を考えているんだろう?」という子どもほど試合で活躍するものです。

結局のところ大事なのはペルソナリダが高い選手

親があまりにも色々な情報を持っていると、子どもがその情報に左右されて迷子になってしまい、結果として何も生まれないことが往々にしてあります。あまりに子どもに根掘り葉掘り聞いたり、構ったりすれば、子どもの自立心が育ちません。それなりの距離感を保ったほうがいいということです。

結局、大事なのはペルソナリダ(人間性)とよく言われます。ペルソナリダ、つまり人間性がある選手は上にステップアップしていくと言われます。誰からも信頼されるからです。

チームには「彼がいれば大丈夫だ」と信頼を得られる選手がいます。「あいつはペルソナリダが高いからどこに行っても大丈夫だ」と。例えるならば、長谷部誠選手（フランクフルト）もペルソナリダが高い選手の1人です。周りとコミュニケーションがとれるし、周りを見ることができる。意見も言えるし、信頼もされる。だから、かつてフランクフルトでもキャプテンを務めました。まず人間性があり、その後にサッカーが付いてくる。人間性がない限り、サッカー選手としても、社会人としても成功しないとよく言われます。

サッカー選手として素晴らしくても、ペルソナリダが低い選手は、現役引退後に成功することができません。たとえば、ロナウジーニョのセカンドキャリアはむちゃくちゃです。

色々な人に信頼されている人は、引退後でもお金があるし、常に稼ぎ続けています。しっかりしています。子どもたちにはそういう選手になってほしいですね。

第４章

本気で夢を叶えるために

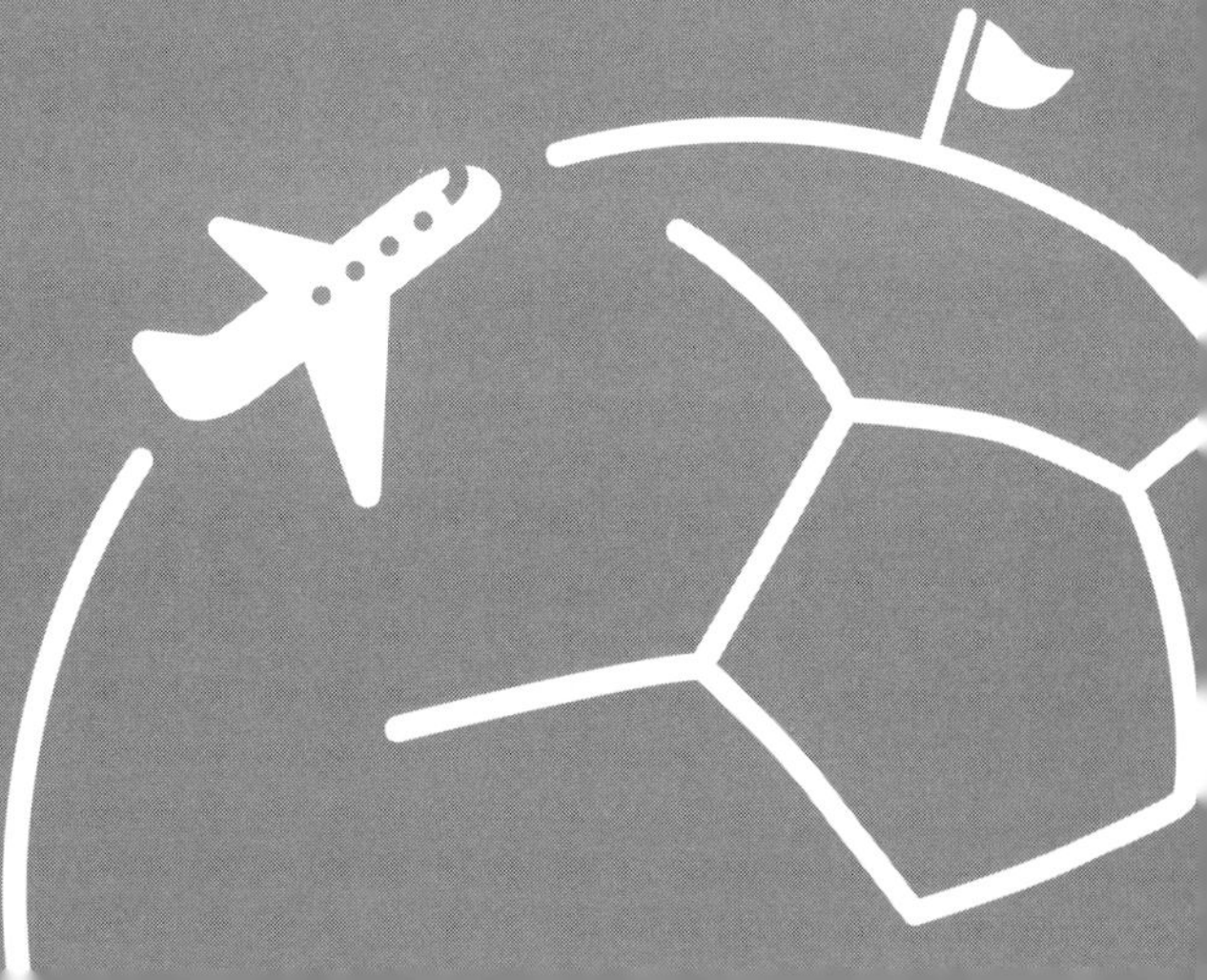

夢を叶えるための心構え

ただがむしゃらに頑張れば夢は叶うのか？

自分が今置かれている環境がどうなのかを、自分の中で客観的に把握できることが大切だと思います。日本でも世界でもそうですが、今どのクラブにいて、今どういう状況にあるのかを把握することが重要です。たとえば、海外であれば、レアル・マドリードやバルセロナなどを目指せばいいと思いますが、日本の場合はそうなっていく指標を持つことがすごく難しいと感じます。

つまり、頑張っていれば夢が叶うのかといえば、なかなか難しいのが現実です。才能も必要ですが、そもそも才能を誰かが見つけてくれなければ日本で終わってしまうことも往々にしてあります。だから、ただ単に頑張ればいい、というのはしっくりくるものではありません。

日本の指導者は「頑張れ」とか「頑張ればなんとかなる」とか「頑張れば夢は叶う」とか言

う人が多いのですが、頑張り方とか、（目標や目的から）逆算してどうすれば夢を叶えられるのか、この年代でこのレベルにいれば夢は叶うのか、その具体的なことがわからないと現実的に夢を叶えることはできません。その辺りをどう伝えていくかが大切なように思います。

たとえば、自分のいるチームがある程度強いとします。どんどん試合に出ているけれど、いつの間にか、チームが強いことで満足してしまい、やがて上を見ることができなくなることがあります。

また、違うチームでプレーしたくても、友達から「行くな」とか「一緒に頑張ろうぜ」という言葉をかけられ、結局その場所から動けない、ということが日本の場合はあります。簡単に移籍できないのは痛恨と言えます。それに本人のみならず、指導者や親が移籍にはシビアに絡んでくるので余計に難しくなるのです。

友達は自分の夢を叶えてくれるわけではないし、親も手助けはしてくれますが、夢を叶えるのは自分自身です。自分で判断して決断しないといけないのに、その点が日本の場合はすごく重い決断になってしまう。この現状は変えないといけません。

海外で活躍するには激しい競争のスピードに慣れる必要がある

楽なことは、やがて慢心を生みます。自分が心地良い場所は、何かを生む機会やチャンスを逃していることと変わりがありません。辛いことも経験して、乗り越え、やがて慣れてきたら、また次のステップに行かないと成長は望めません。

サッカー選手には旬があり、活躍できる選手は次から次へと生まれてきます。海外のクラブでは選手の入れ替わりが激しいものです。3、4試合続けて結果を出すことができなければ、もう試合に出ることは難しくなるでしょう。監督であれば4、5試合も勝てなかったらサポーターからクラブに対して圧がかかります。「あいつをやめさせろ!」と。

これが日本では4、5試合ほど勝てなかろうと監督が代わることは考えられません。日本では年俸を低く抑える代わりに複数年契約を結ぶ監督が多く、であればなおさら、途中でクビを切りたくても切れない状況が生まれます。海外であれば、監督が複数年で契約を結ぶのは本当に有能で、名前がある場合のみです。これは感覚の違い、いや、クラブのマネジメント力の違いと言えばいいでしょうか。

世界で活躍がしたい、夢を叶えたい、というのであれば、世界に当然のようにある激しい競争のスピード感に慣れることが必要になります。

競争の中で揉まれる。これを肌で感じられた選手はスイッチが入り、「このままではマズい」となります。「このまま一生懸命やっていてもダメだ」と感じた瞬間から、色々なことを模索するようになります。

そこから親に情報を集めるように頼んだり、自分で調べたりするのですが、結局は、親とは危機感において温度差があり、親にはこちらの危機感が伝わらないのです。そして、「良い経験になったね」「日本で一生懸命に頑張ろう」という言葉を子どもに伝えてくるのです。子どもが「そうじゃないんだよ」と伝えても、結局は伝わらないし、ストレスになるのです。でも、このときに親の意見に納得し、自分の主張を抑え込んでしまえば、結局は何も変わらないと思います。

どこかで刺激を入れて視点を変えることの大事さ

本気でJリーガーを目指すのであれば、高校サッカーで活躍をする、ユースからトップチームに昇格する、大学に行ってからプロになる、この3択があります。でも、海外でプロになりたい場合、海外には学校でサッカーをやるという文化がないので、あまり理解されません。つまり、学校の部活動ではなく、クラブチームに所属していたほうが海外に出たときのあちら側の指標の一つになります。

もちろん例外はあります。日本代表に選ばれた経験を持ち、現在はベルギーリーグで躍動している森岡亮太選手は、久御山高校2年のときにアルゼンチンに1カ月だけ留学したことがあります。チカゴというチームに連れて行ったのですが、そこで普通にプレーができたのです。その時点で「この選手はA代表までいくだろう」と思うほど非常にうまかった。ボールは取ら

ベルギーリーグで躍動している森岡亮太選手（右から２人目）は高校時代にアルゼンチンへ短期留学した。

れないし、アルゼンチンでも普通に通用しているのです。アルゼンチンのクラブからすぐに「こいつは良い選手だから契約をしたい」と言われるほどの選手でした。

そのときから本人が話していたのは「ヨーロッパに行きたい」ということでした。アルゼンチンに渡った当時は体の使い方も足りなかったと思います。接触することに慣れていなかったのです。そこが本人の足りないところでした。日本に帰ってから、いきなり関西選抜に選ばれ、さらに日本代表へとステップアップしていきましたが、結局のところ、森岡選手にとってのアルゼンチン留学のような、刺激や経験、要するにスイッチが必要になってくるのだと思います。

逆に刺激を入れずに過ごしていると、ただ単に階段を上がるだけでは、結局は同じ視点からしか物事が見えません。どこかで刺激を入れて、それまでとはまるで異なる視点から物事を見られるように感覚を変えていくことが肝要でしょう。海外でプレーしたいのであれば、なおさら〝異なる視点〟が絶対に必要だと思います。

年長さんで海外留学を経験した親子の考え方

子どもの海外留学となると、親の感覚としては「海外には行かせたいけれど、まだ早い」と言う人がいます。しかし、早いも遅いもありません。子どもが決めればいいのです。親が育ってきた時代の感覚で「まだ早いよ」と言っているだけなのです。

一番早い子は幼稚園の年長で短期のスペイン留学を1カ月間ほど行っています。最初の10日間は泣きっぱなしでしたが、10日目以降は変わり、あとの20日間はしっかりとサッカーを頑張りながら生活していました。

その親御さんが言っていたのは「うちはこれまでの6年間はこの子に愛情をすべて捧げてきました。だから7年目以降は色々な人からの愛情が必要だと思います。もう自分の愛情は精一杯与えましたから、他の人の愛情でどう育つかを見てみたいのです。だからスペインに送ります」と、初めはすごく悩んだようですが決心したようです。

そのときは同じタイミングで3人の子どもが行きました。4年生、3年生、年長です。3年生、4年生の子どもは、まさか年長さんが一緒に行くとは知らなかったようですが、この子たちも年長さんの面倒を見てくれました。3年生と4年生の子の親御さんたちも、自分たちですら我が子をこんなに早い年齢で行かせる、という感じだったのに、空港に着いたら、なんと年長さんが一緒に行くということで驚いていました（笑）。

その年長さんが自分から「行きたい」と言ったかはわかりませんが、「海外に行ってみたい」という感じではありました。なので、今までの海外留学の最年少は年長さんの1カ月間になります。今は5年生になり、北海道でサッカーをやっています。

年長で海外留学をするかどうかも親の考え方なので、その上で、こちらとして受け入れるかどうかの判断になります。そのときは受け入れ、年長さんにスペインに行ってもらいましたが、特に問題もなく終わりました。

親の視野が広がれば間違いなく子どもの視野も広がる

ほとんどの親が言うのは「うちの子はまだしっかりしていないので……」ということです。まだ早いから迷惑をかけるとの認識を持っている。でも、実際に迷惑などないですし、子どもは子どもなので、これくらいならばOKという、ある程度の枠はプログラムで決めているので何ら問題がないことがほとんどです。こちら側としては数々の子どもたちを見てきたので、当然やんちゃな子どももいました。何かを壊したりする子どもも当然いるわけです。もちろんそれはいけないことですが、それも含めての経験になります。間違いや失敗は正してあげればいいのです。

ただ、それ以前に親が「そんなことをうちの子がしたら大変だから、迷惑をかけるのでやめます」という想像の世界の中で、子どもの未来にブレーキをかけてしまうのです。子どもが心配なのはわかりますが、これだけは覚えておいて下さい。わが子は親のステータスを超えることは、まずない。

親の視野が広がれば、子どもの視野も広がります。親がチャレンジを続けるのであれば、子どもも間違いなくチャレンジを続けます。自分の行動によって、子どもの将来に多大なる影響を与えると思って下さい。

大事なのは、子どもが真剣に悩んだ結果、自分で決めたときに、本当に親が背中を押すことができるかどうかです。それは親が決めることであり、子どもの未来を左右できることです。早いとか遅いとか、そんな親の感覚ではなく、子どもが行きたいと思ったら、もうそのタイミングなのだと思ったほうがいいです。その子の人生はその子が決めることなので、背中を押すか、背中を押さないか、それは親次第です。

12歳までは親の影響力が非常に大きいのですが、中学生になると自分の意思が出てくるので、自分の理性で決めることができます。中学1年生ぐらいになると、僕に対してもしっかりと自分の意見をぶつけてきます。

ここで海外遠征に参加した我が子を見守る親御さんの体験記および実際にカンテラに練習参加した選手のコメントを紹介します。現地で見た世界のサッカーは、それまでの常識を覆す大きなターニングポイントと言える貴重な体験になったようです。

（保護者コメント）

こんばんは。ＭＩＣに参加した○○の母です。息子は今春にＪクラブに合格し、きっとできるものと思い、私はチームに同行せず、観光気分で個人で手配し、現地で試合を観戦しました。

1日前に感動したサクラダファミリアが吹き飛ぶほどの衝撃でした。

リヨンに1－20。

子どもたちの思考は停止していました。

息子は2009年生まれですが、年齢のハンデがあるとは言うものの、身体も負け、スピードも負け、歯が立ちませんでした。

イスカルに出たとしても、きっと通用してないと思います。

ＭＩＣだから、という年齢の言い訳はしてはいけないぐらい、サッカー脳も違いました。

そのリヨンはバルサにボールを持たせてもらえず敗退。

親として今、日本でサッカーをやる意味を見出せず、思考が停止しています。

海外でやりたいと本人の一言があれば、全面的にバックアップしようと今初めて思っています。見れば一発でわかる。


――以下は息子のコメントです。

日本はサッカーだけど、個の中のサッカー。

でも、サッカーはチームスポーツで、輪の中に個がある。

これは全然違う。

セルタのカンテラにドバイから練習参加した子どもたちが痛いほど感じてました。


衝撃的だったのは、パススピードです。

最初は、目が回りました。

速すぎました。常に準備しとかないと、判断が遅くてボールを取られてしまうので来る前から、出すところを考えとかないと取られることがわかりました。

やってて感じたのは、サッカーIQです。

相手を動かすには、自分で持って引き付けるものだと思っていました。

スペインは、ボールを動かして相手を走らせるサッカーをするということがわかりました。僕は、ボールを持って相手を引き付ける選手なので、最初は、どこでボールを持てばいいのかわかりませんでした。

そこが今回の課題でした。

個のレベルは、できるなぁと思いました。

サッカーIQとチーム組織が強いことがわかりました。

チームにフィットしないといくら、うまくても使われないことがわかりました。

武器は、ひとり一人持っていてそれは飛び抜けていました。

その武器をチームにどう合わせるかは、あいつらは知っていたし、そこまで差は感じなかったけど、練習から違うなと感じました。

これからドバイに帰って……この経験で感じたことを活かします――。

これが実際の声です。

YouTubeとかで試合を見てそんなに差がないよというのは、あまりにも勘違い。果てしない差があるのです。

でも現地で見なければ、そこに入って感じなければきっと一生わかりません。この後に行ってない親が息子の現実と向き合わず話をして、頑張ろう、頑張ればなんとかなるよと話をまとめて前に進んでしまう。

それは絶対に違うと思います。息子が整理できるまで待つしかない。

世界トップが集まる大会の気迫、競争力は全然違う。

今はたくさんの選手が一部のトップクラブと試合をしたり、さらに実力がある選手はカンテラに練習参加したりできる環境なので、そういう稲妻のような刺激は凄く大きいと思います。

迷っているうちに枠が埋まってしまうほど留学希望者は多い

実際に海外留学を迷っているのであれば、一度挑戦してみるといいでしょう。経験してわかることもあれば、逆に経験していないと「あのとき行っておけばよかった……」とモヤモヤが残ったまま生きていくことになります。

うちの会社にも多数の問い合わせがあります。だいたいが小学生から中学生ぐらいです。親が海外に行かせたい、この点について質問したい、そういうメールがよく来ます。

子どもが高校生になってくると、みんな現実を見るようになります。ですから、高校生のタイミングで留学に行こうとする子は、本当に覚悟を決めている子が多いです。ただ、留学はどの国も行きたい子が非常に多く、枠はあまりないのが現状です。順番待ちをしている人も多数いるくらいですから。

たとえば、先日、スペインに行きたいという子どもから連絡が来ました。2006年生まれだから中学2年生です。3月から留学をしたいとのことでした。話を進めていったのですが、一日だけ決断を待つことになったのです。すると、その24時間の間に、もう1人、スペインに行きたいという子どもから連絡が来て、その子どもは即決したのです。次の日になって最初に連絡をくれた子どもから「行きたい」と話があったのですが、そのときには、もう枠がなくなってしまっていました。

その子が「ならば次は8月の夏休みにお願いします」と言うのですが、8月は練習がなく、冬休みも練習がないのです。つまり、最初に電話をくれたときがチャンスだったのです。そして、チャンスを失ってしまいました。

サッカーの世界はそんなことばかりです。自分の前にチャンスという列車が来ていることに気づけるかどうか。乗るか乗らないかは次の段階で、一番大事なのは気づきです。そして、列車は一瞬で自分の元から去ってしまいます。

そう考えると、待つことは意味がありません。サッカーに限らず、人生とはそういうもので、チャンスがあっても、自分の前に来ているのに気づけるかどうかです。気がつく選手は列車に乗る。気がつかない選手はそのまま通り過ぎる。「これがチャンスだったんだ……」とあとから気がつく人ばかりです。本当にその差だけです。世界でどれだけの子どもがプロになりたくて必死にチャンスを待っているのか。皆が動きたくて仕方がない。日本人のように裕福ではないので、ひたすらチャンスを待つしかないのです。

僕らは自分で掴めるチャンスがあります。ただ、そこに気づかないのは、見ている視点と、感じる空気が違うからです。見ているもの、見えているものが学校レベルだと、義務教育の枠を超えたものを見渡すのは難しいのです。サッカーで生きていきたいと心から思うのであれば、行動する以外に正解はないのです。

今はUAEのドバイへの留学も大勢のキャンセル待ちの子どもたちがいます。問い合わせもたくさんあります。募集を開始すると一瞬で定員が埋まってしまいます。頼めば行けるという時代がだんだん終わりに近づいてきています。需要があり過ぎて、供給が追いつかない状況になっているのです。

海外留学をすれば必ず成功できるわけではない

サッカーで海外に渡ってもモノにならない選手もいます。いや、むしろほとんどが成功しません。海外に行けば成功するわけではなくて、海外に行ったほとんどの選手たちは、結局はサッカーを辞めて、その後はサッカーと関わりのない仕事をしています。

皆さんは海外に良いイメージを持っていると思います。海外や世界という言葉を聞けば、みんなが行きたいと思うと思います。でも、現実はそんなに甘くありません。行っても帰ってきてしまうことがほとんどです。なぜ帰ってきてしまうのか。単純に粘ることができないからです。自分から諦めてしまう。その最大の理由として年齢があります。

世間ではこの年齢になるともう働いているので、周りからは「まだ夢を見ているのか?」、親からは「もう諦めなさい」、年齢があがるにつれて夢を追うことに対する周囲の否定が強くなってくるのです。

でも、覚えておいてください。人生は自己満足です。夢は自分が満足するまで追えばいいし、周りが何を言おうが、周りの友人は君の人生の責任は取ってくれません。周りのプレッシャーなんて〝くそくらえ〟、そう思って必死に努力して周りを黙らせてやる! そこまでのメンタルを持っていないから途中で辞めてしまうのです。ただ、すごく厳しい世界ではあることは間違いありません。それは理解してください。

子どもにスイッチを入れるのは周りの大人の行動次第

海外に行けば、日本にいるときよりも自主性が問われます。自分でやらなければ誰も助けてくれません。それから、日本にいるよりも自由になる時間がとても多くなります。日本は学校に行ってからサッカーをしますが、海外では自分でオーガナイズをしなければいけません。すべて自分で努力をしないといけないし、すべてが自己責任です。弱さや甘えがある選手は何もせずにそのうち遊んでしまいます。僕らの時代はパソコンも携帯もなかったので、サッカーをやるしかなかった。サッカーをして、メシを食って、寝て、その繰り返しでした。そういう時代ならば、もうサッカーをやるしかないのです。

でも、今の時代はそうではありません。スマホもゲームもあります。親が見ていないと、結局は遊んでしまう、という選手が実際には多いのです。親としては、子どもは海外で頑張っていると思っていますが、いざ海外に行っている本人はゲームをやって遊んでいるのです。

ただ、この現状は親がどんな言葉をかけても意味はありません。

親がどんなに子どもを管理しようとしても、意思のある子どもはその場はやるでしょうが、それで終わりです。

結局は、子ども自身が気づかないといけません。そして、その気づきのスイッチになるものとは、周りの人たちが行動で見せてあげることなのです。一緒に住んでいる人がすごく頑張る人であれば、その子どもも必ずそうなっていきます。その逆も然りで、親がお酒ばかり飲んでいて口だけで言っても子どもがやるわけがありません。

子どもが何かに気づくきっかけは、人であり、環境です。それにプラスして、本当に自分が強い思いを持っているのか。危機感を覚えてやれるかどうかです。

16歳くらいになれば、誰もが焦ってきます。「このままではプロになれない……」と。小学生の頃はバルセロナやレアル・マドリードで活躍する夢を持っていた子どもが、やがて現実に直面する年代になり、現実の厳しさを感じ、日々焦るようになります。18歳になれば、チームと契約や登録ができる年齢になります。そこでチームに入れなければ焦るでしょう。その葛藤と焦りが出てくるのが現実です。

▒楽な環境に身を置いても仕方がない

大事なのは、どれだけストレスを抱えながらサッカーができる環境に入っていけるかです。日本にいれば言葉も通じるし、いつでもパスも来ます。つまり、楽なのです。でも、海外ではタイミングが合わないとパスが出てきません。声を出して自分で主張しないとパスが出てこないのです。そういうことを体験して、「このままではマズい」と感じてスイッチが入るというのが非常によくあるケースです。パスが来ないならば、どうしたらパスが来るようになるのか、そこでオフ・ザ・ボールの動きを変えないといけない、などと考えるようになるわけです。

それが「ものになるヤツ」「ものにならないヤツ」の差です。本当に才能があれば、どの場所にいても、結局はプロになるヤツはなるし、なれないヤツはなれない。その才能というのも色々あって能力だけではなく、自分で気づく才能だったり、自分で動ける才能だったり。結局、自分の中で選択をしていて、〝ここまでいく〟というものが決まっているのです。右に行っても、左に行っても、ここまで行くヤツはいくし、行かないヤツはいかない。その差とは、行動力の差になるのだと思います。

常識を常識と思わない選手が成功する

できない選手には言い訳が多いものです。「○○があるから僕はできません」「学校があるからできません」「チームの事情があるので行けません」。そういう言い訳が当たり前のように出てきます。それはわかりますが、それでは思考が止まってしまい、それ以上先に進むことはできません。

先に進める選手の言い分とは、こういうものです。「俺は、今このタイミングで自分が決めたことをやらないといけない。親だろうが学校だろうが説得するし、とにかく行かせてくれ」。周りの人たちが「こいつはもうしょうがないな」と諦めるくらいの強い意思が溢れている。そのくらいでないと成功はしません。そういう選手がモノになるのです。常識を常識と思わない選手が芽を出し、花を咲かせるのです。

僕は13歳から18歳までの年齢の子どもが海外に留学するときに「今やらないと、あとはないよ。そんなに甘くはない世界だから」とよく言葉をかけます。言わないとやらない子どもはやらない。海外に留学することで満足してしまう子どもも中にはいます。ＵＡＥのドバイのように、1年留学してダメならクビになる留学先の場合、危機感も相まって成長のスピードは変わります。子どもは一生懸命取り組まなくてはならないのです。契約満了の日にちがだんだんと迫ってくると、子ども達から連絡が来て「今はこんな感じなんですけれど、俺は大丈夫ですかね?」という連絡が来ます。心配をしている=危機感があるということです。だから彼らは勉強もしますし、サッカーもちゃんとやります。みんな真面目です。つまり、どんな子どもも環境で変わっていくのです。

■自ら決断し、行動することで道を切り拓く

例を挙げれば、今、スイス1部リーグでプレーしている柿沼利企という選手がいます。彼は中学を卒業してから群馬県の前橋育英高校に入学しましたが、1年で辞めました。辞めた理由は「サッカーが合わない」というありがちなもの。

普通であれば高校を卒業するまで途中で辞めることは考えないと思います。でも、彼は辞めて、次のステージを選択したのです。サッカーはうまかったのでチームの中心にいたのですが、どこにでもいるような選手ではありました。

でも、昔から海外に行きたいという夢があり、高校2年生のときに1カ月間だけアルゼンチンに留学したのです。僕から見ても、彼は非常に良い選手でしたから、日本に帰ってきてから

自分の夢を叶えるために高校を辞めて海外でプレーする道を選んだ柿沼利企選手（一番左）。

こう伝えたのです。

「リキ、おまえはかなり才能があるから、この先どうする？　海外でやってみる？　ただ、リスクは当然あるし保証はどこにもないよ」

彼にチャレンジをするかどうか選択肢を与えたのです。すると「俺、もう学校辞めます」と返ってきました。結局、高校を2回辞めているのですが、それからすぐにアルゼンチンへ長期で飛びました。

その後、18歳になったタイミングで柴崎岳選手がいたヘタフェへテストに行きました。ちょうど柴崎選手がいたときで、ユースを受けたら合格しました。そして1年目はずっと試合に出ることができました。それからスペインの3部リーグのテストを受けましたが、4チームほど受かることができませんでした。しかし、移籍期限が閉まるタイミングというときに、最後に受けたチームに何とか受かりました。それで18歳のときにサインをして3部と契約をして10何試合ほど出場することができました。

彼は前橋育英が全国優勝した年代の選手です。あのときの年代のうち何人かはプロになっていいます。でも、彼がヘタフェに入ったとき、前橋育英の選手たちはみんな驚いていました。選手権に出るよりもヘタフェに入るほうがすごいし、やっぱりそういう反応なんだなと思いましたね。

その後、彼にはたまたまスイスやポルトガルから話が来ました。

「お前、ポルトガルのポルティモネンセとマリティモ、それからスイスのルガーノと3つ連れていける可能性があるぞ」

ポルティモネンセとマリティモは返事が曖昧でしたが、ルガーノは返信が早かったので、ルガーノに連れて行くと受かったのです。今、彼はスイスの1部にいます。

ルガーノはヨーロッパリーグにも出るクラブなので、J2やJ3にいるよりも、さらにステップアップできる大きなチャンスがあるし、若いうちにヨーロッパリーグのような舞台に立てるのは夢があります。

ここで最初に戻ります。すべての始まりは、彼が自分で決断し、行動したからなのです。あそこで学校を辞める決断をして踏み出さなければ今はありません。周りがいう、やめたほうがいい、高校は卒業したほうがいい、などという意見を聞いていれば、彼は2年も海外に行くのが遅れています。

では、2年が経過した時点で同じようなことができるのかと言えば、現実的には難しいと思います。決断の早い子どもには、失敗しても取り返すだけの時間があるのでその2年という時間は大きなものだと思います。

ある選手の海外行きを引き留めた理由

人生には無数の選択肢があり、選択肢に気づけるか、気づけないのか、これでスタートに差が出てきます。提示されている選択肢に気づかない人がほとんどです。また、自分の中にある常識を破ることができない人も多いと思います。「普通は……」と言い訳を言い、その〝普通〟を捨てることができないのです。みんな〝当たり前〟のところで生きている。

最後は勢いと覚悟です。勢いがあり、覚悟がある子どもは成功します。何かしらを持っています。「俺はやってやるぜ!」とどこまで本気で思えるかです。

柿沼利企選手は今、20歳になりますが、彼は一つの成功例と言えます。スイス1部まで行けば、プロとしてある程度生きていける気はします。まだ給料はそこまでもらえていませんが、生計が立てられるくらいはあるようです。

もう1人の例を挙げると、名古屋グランパスU－18でクラブユース選手権に優勝した武内翠寿選手。彼はうちのスクール生でしたが、小学5年生のときにアルゼンチンに行き、中学3年生のときに前橋育英高を含めた数校からオファーが来ました。

そのときの彼の選択肢は、名古屋グランパスに行かずに海外に行きたいというものでした。でも、「グランパスから話が来ているから、とりあえず行ってみて、それでもし合わなかったら、そこで考えればいいんじゃない？」と伝えたのです。

そのときに、なぜ海外行きを引き留めたのかというと、一つはＦＩＦＡのルールに引っかかることです。今の段階で海外に飛んでも、試合に出られないという現実があります。早い段階で海外に行く選手というのは、現状では良い選択肢がない場合や現状に満足していないケースがほとんどです。

そういう限られた選択肢の中で、グランパスというクラブはしっかりしているし、Ｊ1の良いクラブです。だから「オファーが来ているのであれば行ったほうがいい」と助言しました。彼の場合、たとえ海外行きが1年遅れても16歳です。2年目で海外に渡っても17歳です。その選択をすれば、海外で1年間待てば、ついに試合に出ることができる状態になります。そのときに判断したほうがいいと思ったのです。

結果、彼はグランパスに行き、U－17日本代表にも入り、今は3年生になりましたが、2年生のときから試合に出してもらっているようです。

彼は海外志向がかなり強い選手です。小さいころからずっと「スペイン」と言っているような選手でした。当然、高校卒業後は海外に行きたいとずっと言っています。「どうしてもレアルに入りたい」と言うので、レアルにその話をしたら「まだ若過ぎるし、厳しい」と断られましたが（笑）。

海外や世界という言葉に良いイメージを描き過ぎている

海外や世界という言葉の響きは良いのですが、ただ、相当に難しい世界だということは理解していたほうがいいと思います。海外や世界という言葉に良いイメージを描き過ぎてしまい、現地に行けばプロになれるとか、あっちに行けば素晴らしい世界が待っているとか、妄想を描きがちですが、実際はそんなことはありません。その憧れの先の裏側には、どれほどの選手が夢叶わず、サッカーを辞めて帰って来ているのか、知られざる現実があります。

サッカーを辞めた理由として、才能がなかったのかもしれないし、努力が足りなかったのかもしれないですし、誘惑に負けてしまったのかもしれません。表に出ている成功例よりも、そちらのダメだった例のほうが圧倒的に多いのです。成功例はほんのわずかと言っていいでしょう。しかし、みんなが何かしらのリスクを負い、成功を求めて飛び立っているのです。

これも一つの例ですが、あるフットサル選手が「俺はもう海外に行きます」と言い残し、すべてを捨てて海外に行きました。でも結局、彼はプロになることができず帰国することになったのです。何もかもを捨てるだけの覚悟をして海を渡ってもプロになれないことがほとんどです。彼は帰国後、もう選手としてプレーはしていません。

このような例が本当に腐るほどあります。選手として続けられるのは一握りしかいません。海外でのサッカー生活には踏ん切りをつけたけれど、日本に帰ってきてから、まだサッカーを頑張ろうと思っている選手もいます。でも、そのときはさすがに親には頼らず、自分でアルバイトをするなり何らかのアクションを起こして、サッカーを続ける道を考えるようです。

周りの空気に耐えられずサッカーを辞めてしまう

親からすれば、将来サッカー選手になれなかったときのことを心配するのでしょう。「学歴もないし、雇ってもらえるかな」。それが親の本音だと思います。親が心配するのも自分の息子への愛情ゆえに当然ですが、それは親の視点からの話です。

アルゼンチン人の場合は、サッカー選手になれなかったときのことは、そのときに考えます。日本人は生まれたときに、すぐ通帳を作って、将来のために積み立てを始める、という性質があるように、将来のことを非常に用心深く考えてしまいます。

当然ですが、サッカー選手は年齢が上がれば厳しくなります。何が厳しくなるかといえば、周りからのプレッシャーです。親が同世代の周りと比べるようになります。「友達のあの子は、今、あそこで働いているわよ。あんたもそろそろしっかりしなさい」

サッカー選手の立場からすれば、サッカーを一生懸命に頑張っているのは間違いないのですが、親の言う「しっかりしなさい＝お金を稼ぎなさい」であり、「しっかり働きなさい」なのです。

でも、長年サッカーだけをやってきた選手からすれば、「これだけやってきたのだから、もう少しやらせてくれよ」という思いが強いのは当然です。でも、お金を稼げていないという現実に引け目を感じ、負けてしまうのです。「もう潮時かな、俺はもうダメだな……」と諦めてしまう。自分の決断というより、周りの空気に耐えられず、次の道を歩むことになる。そういう選手は少なくありません。

ただ一方で、勉強ができて学歴があれば幸せになれるかと言えば、そんなこともありませんよね。リスクを負ってもプロになることができないのに、リスクを負わずに「俺は学校で勉強をしてからサッカーをやります」という考え方はどうなのでしょうか。実は海外を経験したほとんどの選手たちは、そういう考え方にはならないのです。みんな学歴だろうが何だろうが、それよりもまずサッカーがあることでプラスアルファになっている。学校があり、プラスとしてサッカーがあるわけではないのです。

■海外を経験すると現役のときからセカンドキャリアをイメージしやすくなる

海外を経験しておくと、セカンドキャリアにもJリーガーとの差が出てきます。Jリーガーは引退したらアカデミーのコーチになることが非常に多いのが現状です。彼らに選択肢はあるのでしょうが、引退＝クラブに残りたい、という傾向が強いようです。そして、次の人生がスタートし、指導者の道を歩もうかどうしようか試行錯誤し、指導者のライセンスを取るようになります。

つまり、引退して最初の入り口を自分で作るのではなくて、チームが用意してくれたのでとりあえずやってみる、というスタートが多いのです。そうして、ジュニアユースやユースの指導者へと進んでいきます。それが良いか悪いかはわかりませんが、偉大な選手ほど偉大なセカンドキャリアであってほしい、というのがサッカー少年の憧れではないでしょうか。

一方、海外に行った選手たちは、引退したあと自分はこうなりたい、こうやって人生を歩みたい、という明確な目標を持っている選手が多いのです。そうして現役が終わってから、しっかりと意思を持って次の人生を歩み出します。要するに、自分の人生を自分でイメージできる選手が多いのです。その差というのは、やはり見てきたものが違うことも影響しているだろうし、生きることについて捉え方が変わったのかもしれません。

やはり、海外に出ればすべてがあるわけではないので、結局は自分の力が必要になるのです。

それが分かれば、自分でやることに自信がつきます。それを繰り返すことによって考え方が変わってくるのだと思います。

とはいえ、元サッカー選手で、セカンドキャリアも活躍している人はそれほど多くないと言えます。元日本代表の人のうち、どれだけの人が活躍しているか考えればわかります。解説をしている人も一部だけですし、もうサッカーに関わっていない人も少なくありません。現役時代はすごい選手だったのに「引退したら、こんなふうになってしまうのか……」という反応をされてしまう選手も少なくないように感じます。

セカンドキャリアで現役以上に輝くこともできる

Ｊ２やＪ３の選手になると、元Ｊリーガーとはいえ、ほとんど名前を知られていないのが実情でしょう。その選手たちが引退したあとは、クラブに雇われてサッカースクールでアルバイトをするなどしながら、自分がやりたいことを探さないといけないのです。ゼロからスタートしないといけません。

近年は、様々な会社がセカンドキャリアのサポートをしていますが、裏を返せば、元サッカー選手が自分では何もできないから周りが手を差し伸べて助けてくれる状況にあるのです。

ここは変えていかないといけないし、やり方によってはセカンドキャリアで現役以上に輝くこともできるのです。それをやらない理由は、やり方がわからないからです。つまり、色々なものに目を配ってこなかったから何をやっていいのかわからないのです。視野が広がれば、間違いなくアイデアは生まれます。足を踏み出すきっかけが自分の中で生まれるのです。

サッカーだけしか知らないのでは引退したあとの道が限りなく狭くなってしまうのです。そういう意味で、自分の足で違う世界を見て、自分の肌で感じる経験がモノを言うのです。

特に、日本でのプレーしか経験していない選手たちは、海外を見ていないからアイデアも浮かばない状態にあります。そして、元サッカー選手ということに拘り過ぎてしまい、プライドも高いのです。引退してから1年、2年までならばよいでしょう。3年が経過しても同じようなことをしていたら、もう誰も相手にしてくれません。それなのに、いつまでも元サッカー選手の肩書きを引きずる人が多いのが実情です。これはサッカー以外に他に見せる自分がないからだと思います。

「自分はサッカー選手をしていました。でも、今はこれをやっているので、そういう目で見ていただけると嬉しいです」

そうやって自分を表現できる人は引退しても次の道で成功を収めるのだと思います。

いつまでも周りの優しさにしがみついてはいけません。引退した当初はみんなが優しいのですが、引退して3年も経てば、現役時代のことなど忘れてしまうものです。

元日本代表の鈴木啓太さんを例に挙げれば、今はサッカー以外の別の事業を起こして活躍されています。現役時代からかなりの準備期間を経て今があると思いますし、一つの成功例だと思います。

セカンドキャリアを考え始めるタイミング

海外の選手は現役時代に稼ぐお金の額が違います。トップトップの選手は、現役引退後にクラブのアンバサダーになるなど活躍できるのですが、当然ですが、そんな選手は一部だけで限られています。それ以外の選手たちは指導者になることが多いのですが、彼らは次の人生でサッカーの指導者をやりたいという志を持っています。

ところが、日本の場合は自分のキャリアに対して自分自身で幕を引くのではなく、プレーできるチームがなくなったから、その流れで引退して、指導者に移行するというケースが多いのです。セカンドキャリアに対する、その意識の差はすごく大きいと思います。現役時代から準備期間を設けてからいざ指導者になるのと、行き当たりばったりで指導者になるのとでは、子どもたちに与える影響にも差がある気がしてなりません。

レアル・マドリードで活躍したミッチェル・サルガドは、現役の最後にプレミアリーグのブラックバーンに移籍したのですが「俺は英語を覚えないとセカンドキャリアを進めないから、そのためにこの移籍を決断した」とのことでした。現役時代にそこまで考えている選手がどれだけいるか、ということです。

日本では、ほとんどのプロサッカー選手が「俺は現役のときはサッカーに集中するんだ」という言葉を周りに伝えます。それが代表クラスの選手であれば納得もいくのですが、代表クラスでもなければ、年俸500万ほどの選手が口にしても何も響きません。むしろ、セカンドキャリアも考えながら現役を過ごしたほうがいいと思うよ、とアドバイスを送りたくもなります。

サッカー選手は時間があるので、セカンドキャリアの構築に向けて動ける時間もあるはずです。ごく少数の選手はしっかりと考えていて、引退してから成功しています。

今はサッカー選手を目指している子どもたちも、その次のステップまでイメージしながらサッカーに取り組んでいく必要があるし、それは次の人生に必ずプラスになると思います。

いかにセカンドキャリアで成功を収めたのか

僕は30歳で現役を引退したのですが、会社は26歳のときに設立しました。サッカーを辞めたといっても、現役の最後はすでにプロではなかったので、会社を設立しつつ、サッカーも同時にやっていた時期がありました。スペイン語を忘れたくないからという気持ちもあり、最初はアルゼンチン人をコーチに呼びました。日本にまだスクールがそれほどない時代にアルゼンチン人を自分で雇い、26歳か27歳のときにサッカースクールを始めました。最初は全然人が集まりませんでした（笑）。チラシをいくら配っても全然集まらないのです。

２００８年10月にスタートしたのですが、最初に女の子が１人来てくれたので、その子と１対２で始まったほどで、それまで誰も来なくて僕とそのアルゼンチン人でバスケをやっていたぐらいです（笑）。その間でもアルゼンチン人には給料が発生するので、僕が空いた時間でアルバイトをしてお金を彼に渡していました。アルバイトは牛乳の営業をやっていました。そこで眠っていた才能を発揮（笑）、午前中の３、４時間で月に１７０軒ぐらい契約したことがありました。２年間ほど日本でトップの営業マン！　お金も午前中働くだけで１００万円ほどもらっていました。完全歩合制で固定給０円という契約でした。

結果を出せなければ給料０円。スーパーハイリスク、スーパーハイリターン（笑）。１日１００軒ほどピンポンをしていくので、年間３万、４万軒と渡り歩くなかでだんだんと人のパターンが読めてくるのです。この人はこういうタイプだから、こういうふうに言ってくるから、この言葉をかければこうなるな――。それは勉強になりましたね。そういう人とのコミュニケーションを目的とした修行を27歳から28歳にかけてやりました。お金がいいからという理由と、自分で時間をオーガナイズできるという理由からでした。まだサッカーをやっている時期でした、午前中だけの仕事であれば終わってから昼寝もできるし、午後はサッカースクールもあったのでちょうどよかったのです。

そんな生活を２年間ぐらいやりましたが、その後はサッカースクールも軌道に乗っていったので、牛乳の営業は辞めました。それと同時に、アルゼンチンでプレーしていた経験を活かし、アルゼンチンへの留学支援の事業も始めたのです。アルゼンチンに行きたいという選手が出てきたので、やってみようと思い立ったのです。だんだんとスクールの生徒と海外への留学生も増えていったのです。

▩35歳までは世界中に人脈やコンテンツを作る基礎作りに専念

僕は35歳までは我慢しようと思っていました。色々な人たちに会って、色々な経験を積み、お金を投資して、さらに色々と違う世界を見てみようと決めた時期でした。だから、35歳までは今のような感じではなかったです。35歳のときにスイッチを入れて、大会のライセンスを取りに行ったり、クラブに交渉をしようと動き回ったり、そういう思考と行動がマッチし、ある程度の人脈ができました。35歳までは基盤づくりで、世界中にコンテンツや人脈を作ることに専念していました。

今思えば、あまりにも早くそういったことをやり過ぎると、家と同じように柱がしっかりしていないので会社も傾くのではないかと思います。一歩ずつ、ゆっくりと柱を作り、足元を固めてから進んでいきました。35歳まではとにかく人に投資しながら、会いに行ったり、仲良くなったり、何かあったらすぐに飛んで行けるような状況にしておきました。そして35歳からスイッチを入れて勝負をかけたのです。

会社は「人」と「システム」と「成長過程」で大きくなる

ずっと大切にしていたのは人に会いに行くことでした。その人が呼んでくれれば、飛行機代を使ってでも会いに行って話を聞く。言えばポンと飛んで会いに来るということが信頼に繋がるので、「こいつに任せておけば仕事も早いし、大丈夫だ」と思ってもらえるようになりました。そうやって色々なところにベースを作りました。レアル・マドリードもそうだし、南米もそうだし、色々な繋がりを作りました。日本の動きについては別に僕でなくても大丈夫だと思ったので、途中から社員に任せていました。海外との繋がりは、以前の日本にはほとんどなかったので、とにかく飛び回って繋がりを作ろうと動きました。年間20回ほど海外へ飛んでいくのは当たり前の状況でしたね。向こうに行ってもわずか2日で帰ってくることがザラでした。一時期は飛行機で暮らすような生活を送っていましたが（笑）、そういう行動に力を注いだ甲斐もあり、やがて「あいつはいいぞ」と信頼されて、色々な人を紹介してくれるようになったのです。

初めはアルゼンチンでした。会社は「人」と「システム」と「成長過程」の3つが重なればうまくいくものです。人は自分の中である程度は見分けることができます。あとはプロセス、そしてシステムを大切にしていました。システムがうまくハマらないとうまくいかないので、

スペインのカタルーニャ州で毎年開催されるMIC地中海国際トーナメント。ヨーロッパを中心に世界中の強豪クラブが集結する。

どうハマるか考えながら自分で作っていきました。それが35歳の頃です。ルートを作り、あとはそこに乗せるだけ、という状況を作っていったのです。うまくいくかどうかはやってみないとわかりませんでしたが、どんどん大きくなって今に至ります。

レジェンドクリニックを開催できるまでの経緯

レジェンドクリニックは2017年がスタートです。レアル・マドリードで活躍したミッチェル・サルガドを呼んだのは2017年が最初でした。MIC（Mediterranean International CUP）はそれよりも前、2016年の春に参加しています。MIC地中海国際トーナメントという大会に100人ほどを一気に連れて行ったのですが、そこが本当にスタート地点ですね。

当初、MICのライセンスについても「何らかの結果がないとダメだ」と言われて断わられていました。それから僕らがだんだんと結果を出していき、結果、あちらが折れました。2年目か3年目のときに、ある程度のチームを連れていき、その代わりにライセンスをもらえないのであればもう行かない、というようなことを伝えたら、あちら側から「やります」と言って、それから関係性が深くなっていました。そこはもう駆け引きですね。

昔はJクラブしか参加しませんでした。それが、大会参加をきっかけにやり始めると、色々なところが真似するようになり、だんだんと日本の選手たちも海外に行くようになり、流れも変わってきたのです。必ずそういう時代が来るだろうと睨んでいましたが、それから今度は質を求める時代になってきました。

その意味でいえば、MICはある程度良い経験になると思いますが、他にトップトップの大会もあるわけで、僕の会社としては、ラ・リーガが主催する大会を1枠だけ取り、そこに全力を懸けて戦うことを一つの目標としてやっています。

やはり、大会で勝たないと意味がありません。「良い経験で終わりました」というのは、僕の中では2015年や2016年の頃に経験済みで、今の選手たちは戦えるところまで来ているし、海外に行く選手もたくさんいます。とはいえ、まだまだ厳しいですね（笑）。現状ではどれだけ良いメンバーを集めても、ラ・リーガのチームに勝ち切るのは難しい気がします。

■スピード感を持って行動することで信頼を得る

今年で会社をスタートしてから14年目になります。設立当時は会社を大きくしようと考えていたわけではありません。最近は、コロナの影響で潰れそうだったスペインにあるサッカー関連事業をする会社を買収しました。全国でシステムをピラミッド化しているので、良い選手が全国から集まってきます。良い選手をどれだけ集め、関わって育て、海外に持っているコンテンツにうまく子どもたちを当てはめて、どんどん海外へ出してプロにしてあげられるか、という勝負です。さらに海外で揉まれて、次のステップに行き、目立った上で日本代表に呼ばれる。そういうサイクルを成立させるのが、一つの目標です。

今でもそうですが、スピードが落ちるのが一番嫌なことです。ある程度は早く達成できないと、結果的に信頼を失うことに繋がりかねません。大手企業では、上に伺いを立ててから返ってくるのが遅いので、組織が大きくなればなるほど実はデメリットも多い。しかも、海外とのやりとりだから時差があります。10人ほどの精鋭を揃えれば、ある程度回る組織を作ることが大事です。

あとは、自分たちで抱えるのではなく、仲間を集めて、彼らと共に車輪が回れば、すべての流れはよくなります。そのほうが、自分たちで抱えるものも最低限にしながら、会社もどんどん大きくなります。それが今はうまくハマっている感じがあります。仲間がたくさんいて、志が近く、感覚が似ていますね。最初は普通に「頑張りたいです」と言うような素朴な子だったのに、急に色々と語り出し、自分でスクールを持つようになる子もいます。それはそれですごく良いことだと思っています。

プロサッカー選手という肩書が今後の人生のツールになる

僕が今の事業をスタートしたのは、色々な国に選手を送り出したいという思いからでした。日本の選手はバルセロナやレアル・マドリードばかり見るけれど、南米の選手のように「この国はお金を稼げる」とか「ここの国はだいたいこのレベル」と状況を整理しながら色々な国へ道を作ってあげることもだんだんとできてきました。僕の会社はすでにスペインを筆頭に、ベルギーサッカー協会、ポルトガルはベンフィカやポルト、イタリアはユベントス、イングランドはマンチェスター・シティと仕事をしました。色々な繋がりができたので、もう国を選ぶことができる状況にあります。「子どもがこのレベルだったらこの国がいいのでは」といったことがアバウトにわかるようになってきました。

これまで名古屋に行った武内翠寿選手と、レアル・マドリードに行ったピピ（中井卓大選手）の２人だけが、僕が関わった選手で日の丸をつけましたが、これからは僕らの関わる選手がもっと世界中で活躍して、日本代表で活躍できることを確信しています。

僕らと関わった選手たちを、どこの国でもいいから、プロのサッカー選手にしてあげたい。それが選手たちの一番の夢なのですから。将来的には日本代表のスタメン11人全員が、僕らが海外へ連れて行った選手になったら、と思うことがあります。

一度でもプロサッカー選手になれれば、現役を辞めてから元プロサッカー選手と言えるわけで、その後の人生も変わっていきます。次の何かに繋がっていくはずです。最初から僕が言い続けているのは、サッカーというツールを使って夢を追うなかで、彼らのサッカー人生が終わった後に、自分の力で生き抜ける手助けができればいい、ということ。それが会社として大前提とする目標です。

今はもうレベルの高い選手がどんどん集まって来るようになりました。Jリーグでも、トレセンでも、何か明確な目標を掲げて、この大会に出るというと必ず良い選手たちが集まってきます。

つい先日も、アメリカの国際大会で2カテゴリーにおいて優勝できました。昔、ある人に国際大会に優勝することなど絶対に無理だと言われたのです。「寄せ集めのチームでどうやって優勝するんだ?」と。

しかし、寄せ集めのチームにも良いところがあり、選手たちは空港で初めて顔を合わせ、そこから緊張感を持って大会に臨むことができるのです。会ったときから選手同士の競争がスタートしています。通常であれば、練習を重ねながら試合を迎え、そこで結果を出し続けた選手がチームに残ることになります。ただ、チームで遠征に行く場合、サブとレギュラーという区分けが遠征に行く前から決まっているので、サブの選手は「俺、行っても出られないから……」というモチベーションになってしまいがちです。そして、やはり試合に出られずに帰ってくる選手もいます。

でも、出会ったときから競争という環境を保った状態で選手たちを育てながら大会に挑んだときは、案外勝てるのではないかと思っています。もちろん、選手たちの質は上げていかないと絶対に勝てないので年数は必要だと思っていました。それが去年、ようやく花開き、アメリカで優勝することができたのです。

ひと昔前はセレクションをしていたのが、今はスカウティングだけ実施して、「この選手なら戦える」「この選手なら海外でも通用する」という判断の下で声をかけ、どんどん参加できる枠を狭くしながらレベルアップを図り、それでようやく今、結果が出てきました。

こういうサイクルで成功していけば、代表でも同じことが起きるのではないかと思っています。日本は小さな国なので、質の高い選手を集め、その子たちを海外に連れて行き、勝ち続ける経験を積み上げると、結局その子たちが実力を積み上げて、色々な国で結果を出して代表に呼ばれていく——。そんなローテーションが起きればうまくいくのではと本気で考えています。

世界での貴重な経験

アルゼンチン留学
情熱の国でサッカーの血を感じる。

UAE・ドバイ留学
サルガドほか最高峰のコーチが揃う。

スペイン留学
名門セルタのカンテラに練習参加。

アフリカ遠征
広い世界を知るきっかけに。

海外トップクラブとの対戦
肌で感じた経験と涙は次のステップに。

アメリカ国際大会
タレントが集まれば優勝できる可能性はある。

親子のギモンを解決!
教えて稲若さん!!

ここからは、親御さんや指導者、選手がよく持つギモンをまとめました。
海外サッカー留学をサポートする稲若さんに答えてもらいます。

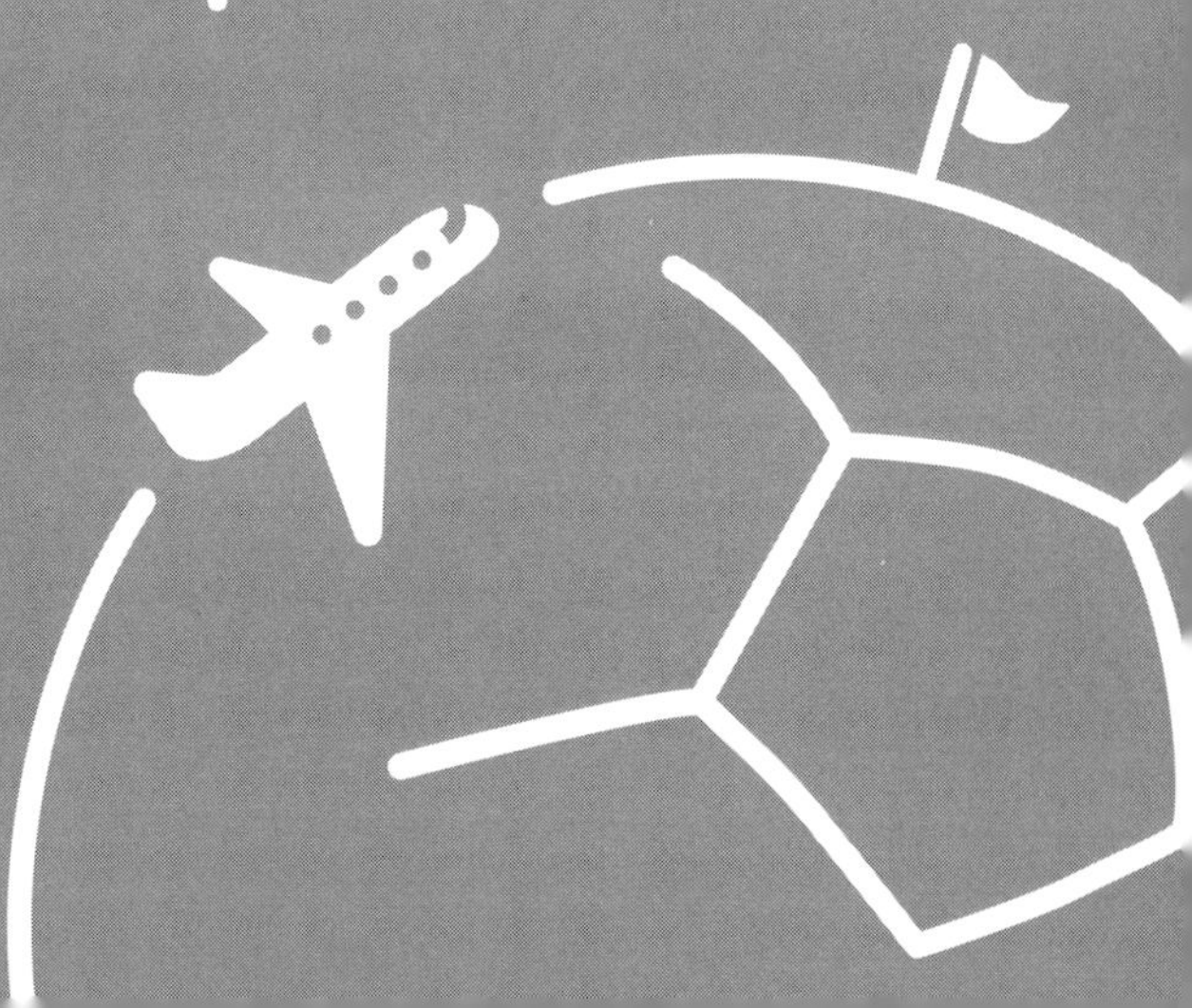

Q1 海外留学は何年生から経験させるべきでしょうか？

年齢は特に関係ありません。親が海外への視線を早く向けると、子どもも同じように早く向くという傾向にあります。親からの情報が子どもに入ったときの影響は強く、あとは子どもがどのタイミングで外に出るのかになります。つまり、親の器が大きいほど、子どもも器が大きくなります。親が色々なことを早めに子どもに教えるのと同時に、色々な選択肢を与えてあげれば、子どもの視野が広がり、年齢の早い遅いに関係なくスイッチが入ります。

子どもが色々な情報を聞き、自分から「海外へ行きたい」と言うのであれば、それはそれで〝その子の持っている周りの人の力〟であり、その子の持っている運だと思います。その子が海外という言葉を発した時点で、その道は拓かれていると思います。

逆に言えば、親が自分の子どもを海外に出せる勇気があるのか。子どもは「行きたい」と言っても、親が一歩踏み込むのを躊躇ってしまい、「まだ早いよ」と背中を押すことができない。

だから、年齢よりも、子どもと親のマッチングなのだと思います。

今までの例で言えば、一番早く海外へ渡った子どもは6歳です。1カ月半の留学で、スペインのラージョ・バジェカーノに連れて行きました。

グループの遠征で言えば、一番小さかった子どもたちは7歳や8歳で、その子たちはキプロスに連れて行きました。今から4年前、2016年の話です。4年前にあれだけ小さい子どもを連れて行くのは結構なリスクでしたが、子どもよりも親の顔が上がっていたので自信を持って連れて行ったのを覚えています。人数は11人か12人くらいだったと思います。自分の知り合いのネットワークで良い選手を集めてキプロスの大会に連れて行きました。期間としては1週間ぐらいでした。

僕のところに相談に来る親御さんは積極的で、良い言い方をすれば、日本の当たり前は当てはまらない親御さんが多いです（笑）。学校がすべてではないと考える方が多いです。必ず塾に行きなさい、などと言うような親はそれほどいません。それよりも色々なものを見て、色々な経験をして育ちなさい、という親は多いかもしれません。だからそういう価値観の方とは意見が合うと思います。

子どもたちがたとえ短期間の留学でも得るものは大きいです。物事に対してビビらなくなります。視野が広がるし、考え方として、学校だけがすべてではない、というまた新しい世界ができるのは間違いありません。普通の子どもであれば修学旅行などで色々なところに出て行き、初めて自分の持っている視野を広げますが、そのタイミングではなく、学校とは別の世界があることを知ります。

Q2 小学生の父です。子どもが試合に出られません。チームを変えるべきでしょうか？

ケースバイケースです。指導者の考え方だと思いますが、指導者がその子を評価しているけど試合に出さないのか、または、指導者からの信頼を得られないから試合に出られないのか。指導者が子どもを信頼していないのであれば、その時点でチームを変えるべきです。

試合に出られないことが明らかに続いていても、その指導者のことを信頼していて、指導方法も素晴らしいと思っているならばチームを変えずにレギュラーになるまで続けるのがいいと思います。

ほとんどのケースは、試合に出られない＝チームの批判になります。だから「あっちのチームがいいんじゃないか」という目線になることも多いです。要するに、信頼関係がすべてなので、突き詰めれば、試合に出られる・出られない、ではなく、指導者に対して信頼があるのか・ないのか、が最後の答えになります。その結果、チームを変えるか・変えないかを判断することになるでしょう。

「その指導者についていってもいいのだろうか？」

この問いが、自分が成長するうえで最も大事なことだと思います。

親としては子どもの練習や試合をしっかり見られるのであれば見ることも大事だし、あとは、指導者とよく話をしてみることです。

どういう考えを持っているのか、指導方針はどうなのか、自分の息子が試合に出られないならば、わが子はどうして試合に出られないのか、その回答が明らかにズレている指導者もいるのは事実です。

言葉で説明できない指導者が多いというのがこの国の指導者の弱点です。

たとえば、遅い、ミスが多い、などといった抽象的な言葉ではなくて、こういうチーム方針があり、今の力ではチームのピースとして出ることができない、今はこれが足りない、これを伸ばせば出ることができる、このポジションにすればチャンスがある、などと明確に説明できて、子どもが目標を持ってチャレンジする気持ちになれるのであれば、続けるべきだと思います。

結局、やるのは親ではなく子どもなので、子どもが話を聞いて納得するのであれば、そこで頑張るべきだと思います。

Q3 中学生になるときのチーム選びで困っています。クラブのセレクションは厳しそうですが、どのように選ぶべきでしょうか？

中学生のセレクションは、チームの強さを指標にして受けると思います。Jクラブを受けて、ダメならば関東リーグ、ダメなら県リーグ、と上から順に受けていきます。それが一つの答えです。

あとは、足を運んで、加入しようとしているチームがどういう練習をしているのか見ることです。セレクションではない日も見に行き、指導者がどういう声掛けをしているのか、などを見ることとです。一番のポイントは声掛けだと思います。やはり、チーム選びで大切なのは指導者であり、何を教えて、どういう声掛けをして、どんなふうに子どもを育てているのか、そこに注目して見ることが一番大切だと思います。

たとえば、指導者が怒鳴っているとか、子どもたちに対して一方的に言っているとか、その手の指導者はあまりよくありません。また、言葉が抽象的な場合、子どもに対して何も伝わりません。走れとか、頑張れとか、根性論は時代が違います。子どもとしっかり言葉のキャッチボールができているかどうか。そこに注目して下さい。

ちなみに、Ｊリーグのチームのセレクションは1次、2次と何回もありますが、海外のクラブの場合はそういうことはありません。1回見たら終わりです。その意味で、Ｊクラブのセレクションは「俺たちにはあまり見る目がないので、何回も見させてくださいね」と言っているようなものです。海外クラブの場合、1回時間を取って見る時間があれば、「この選手はここがいい」「この選手はここが足りない」という判断がしっかりとできます。

昔、ボカ・ジュニアーズにグリファという指導者がいました。ボカで色々な選手を見つけてきた育成の指導者ですが、グリファは「指導者はパッと見て一瞬でこの子とこの子が飛び抜けている、この子はどうしてここまでいくのか、と論理的に全部説明して見極めなければスカウティングではない」と言っていました。

Q4
子どもが海外留学に行きたいという感じがしません。無理に背中を押すべきでしょうか？

これは背中を押さないでいいでしょう。無理に押し込んでも意味がありません。おそらく、子どもが感じていないのです。つまり、親の準備期間や子どもの準備期間が足りないのだと思います。

準備ができていない子どもをいきなり海外に連れて行っても、何かしら感じることはあるかもしれませんが、準備ができていなければあまりメリットはないかもしれません。

結局は、これも積み重ねなのです。親が海外留学というワードをかけていけば子どもも意識するようになります。自然と気持ちが芽生えてきます。でも、そこまで至っていないということは、子どもだけではなく、親にも何かが足りないのです。

親は早い時期から海外を経験させたいのですが、子どもがどうしても納得しないからと「子どもと電話で話をしてもらえますか？」とお願いをしてくるケースも結構あります。そういうときは、子どもにわかりやすくメリットとデメリットの説明をして、子どもがそれでも成長したい、メリットのほうが大きいと思えば足を踏み出すでしょう。

海外に行くことで徐々に変わっていく子どももいますが、大事なのは最初のスタート地点だと思います。自分でスイッチが入り、「俺は海外へ行きたいんだ！」という部分が最も大事だと思います。きっかけは何でもいいのです。友達が行ったから自分も行きたい！　これでもいいんです。

もし、子どもがまったく海外を意識しておらず、それでも親は行かせたいというのであれば、あくまで段階的にですが、工夫をしながら子どもの心に仕掛けていくのも良いと思います。

とはいえ、それはあくまで段階的に少しずつするべきでしょう。子どもは子どもなので、大人のスピードに巻き込めば子どもの心は事故を起こしてしまいます。

Q5 海外クラブのサッカースクールの指導はやはり良いのでしょうか？

海外クラブの名を冠にしたサッカースクールは色々ありますが、スクールはほぼ全部一緒だと考えてください。クラブ名が異なるだけでやっていることは同じような内容になっています。ブランディングがうまいので、クラブ名の冠があり、外国人の指導者がいて、日本人にメソッドを教えようとする。ただし、クラブ名だけには左右されないでほしいと思います。

スクールの唯一の差は〝人〟です。そのコーチが辞めて別のスクールに移ると、子どもが一緒になってついて行きます。結局、そのスクールの名前はきっかけに過ぎず、結局は優秀なコーチに子どもたちはくっついていくのです。子どもたちを盛り上げられる、サッカーの楽しさを教えられる、理論的にサッカーを教えられる、こういう理由で子どもたちはコーチに付いて行きます。

一方、日本の親たちはクラブのブランド名があるから安心して預けます。そしてほとんどのお父さんやお母さんは練習なんて見ません。寒いから、みんな買い物に行っています。そこに子どもを預けさえすれば大丈夫だと思っている。子どもたちも「ああ、楽しかった！」と言っているのだから、ここは良いね、という感想を持つことになります。

結局、根本として大事なサッカーをしっかり理解するのは難しいのかもしれません。日本の大人は時間に追われて忙し過ぎるのも一つの大きな問題かもしれません。

Q6 サッカー以外の運動にも取り組んだほうがいいですか？

学校の体育で十分だと思います。他の国では、その一つのスポーツしかやりません。これだと決めたら一つのスポーツに特化します。それに飽きたときにまた違うスポーツに進むだけです。

体育の授業で色々なスポーツをやることは良いと思いますが、部活動において、今日は水泳、今日は野球、今日はサッカー、と日替わりで取り組むのは、世界広しと言えど、どの国にもない文化です。
そもそも、学習塾やピアノ教室のような習い事としてサッカーをやっているのは日本ぐらいなのです。他の国の子どもや親たちはみんなサッカーに人生を懸けているので、色々と力を分散させて取り組むくらいならばサッカーに集中する、という子どもが多いと思います。

Q7

チームは「どんどんドリブルで仕掛けろ」という指導方針です。ドリブルを仕掛けられるようになったらパスを学ぶ、という手順で指導していますが、これは間違いでしょうか?

間違っているとか、合っているとかではなくて、日本という国は個が優先されます。まず個人技術を上げる。その後でチームを作ります。でも、海外では個人の技術はもう勝手に個人でやってください、ということです。チームにはチームの練習があり、その中で個人スキルを上げていきます。

日本ではとにかく「ドリブルで仕掛けましょう」と言われるケースが多いと思います。ドリブルで抜き去ることがジュニア年代のサッカーではうまいと言われる風潮があります。でも、海外に行けば、それはただの判断ミスと言われるかもしれない。1対2であれば通常は絶対に仕掛けませんが、その子の周りに「いいからドリブルで仕掛けろ！」などと声掛けをする指導者がいたとすると、その子どもは大人になってからまるで通用しない選手になってしまう可能性が高いのです。判断のミスは、修正するのにすごく時間がかかります。

子どもたちは格好いいプレーに憧れます。メディアがクローズアップするのもまさにそこです。だから、自然とそこにスポットライトがあたり、子どもが真似をする。それがすべてだと思います。

ネイマールやロナウジーニョのプレーをクローズアップすれば格好いい。真似するのはいいですが、それを実際のグラウンド上で技として使うのは違うよ、というのを教えないといけません。試合中に何回その場面があり、何回それができるのか、というのは教えません。個人技は教えるけど、技を使う場所は教えない。まあ、指導者自身がサッカーを知らないことが一番の問題だと思います。

Q8

小学生にサッカーを教えているお父さんコーチです。どんなことに気をつければいいですか？

掛け声だと思います。よくお父さんコーチに「どんな練習をしていますか？」と聞かれます。でも、グアルディオラがこういう練習をしているからと、お父さんコーチがそのまま子どもたちに教えようとしても絶対にできないと思います。それは大人が満足してやっているだけなのです。何が大切かといえば、練習メニューの意図と掛け声です。でも、お父さんコーチたちが求めているのは、バルセロナやレアル・マドリードのカッコいい練習です。YouTubeで見たカッコいい練習を取り入れてしまうのです。

一番大事なことは、基礎の基礎です。自分が自分の言葉で伝えられるものをどんどん積み重ねるしかありません。シンプルな例でいえば、インサイドキックです。子どもが「どうしてパスはインサイドで蹴るの？」と言ったときに、お父さんコーチが「いやいや、それが一番正確だからだろ」と言っているようではダメです。

海外のしっかりしたコーチであれば「インサイドのこの部分は足の面積で一番大きいよね？面積が大きいところで蹴るから、もっとも正確に蹴られる確率は高くなるよね？」と説明できるのです。それをしっかりと伝えることができないのならば、今できることを教える。そして言葉を学ぶしかないと思います。

そもそもお父さんコーチが指導するのは無理がありますが、現状、お父さんコーチがいないと回らないのも現実問題としてあります。他に仕事をしながら、土日だけグラウンドにやってきて指導している状況ですが、それは僕が小さい頃の30年前から何も変わっていません。何も変わらないのであれば、そろそろ何かを変えるべきだと思います。

日本はC級やD級のライセンスを簡単に取れますが、これも日本特有の文化です。そしてライセンスを持っているから良い指導ができるかというと、それはまったく別の話になります。

Q9
高校でサッカーを教えています。指導するに当たり、どんな取り組みをすべきでしょうか？

高校サッカーは学校の先生が指導していることがほとんどです。その競争の中で全国高校サッカー選手権大会があり、その中で競い合っています。一番の問題は、学生サッカーの延長線上にプロの舞台が見えにくいことです。そして海外では、16歳から18歳の年代の選手たちをサッカーの専門家ではない人が指導するシステムがそもそもありません。

公務員がサッカーを教えて、自分自身は生活が守られた状態でサッカーを指導しても、子どもには響かないのではないでしょうか。

指導者というのはプロでなければいけません。リスクを負わなければいけません。子どもに勝負という言葉を伝えたいのなら、まずは自分が勝負の世界に身を置くべきだと個人的には思います。

そして、サッカーを学ぶ意欲があるのであれば、サッカー強豪国の育成年代を見るなどすればいいと思います。映像を見るのと、実際に生で見るのとでは全然違います。自分の時間をサッカーに費やして、リスクを冒して現地に行くのが一番良いと思います。子どもにとっても、指導者が自分の目で見たことを伝えられるのと、映像で見たことを伝えられるのとでは感じ方が違います。

Q10
将来指導者になりたいと思っている大学生です。その夢を叶えるためにはどうすればいいでしょうか？

これも高校サッカーの指導をする先生と同じです。自分から海外へ行くしかありません。自分から飛び出して、自分の目で見て下さい。特に大学生なら若いのだから、どんどんチャレンジしてみることです。外に出るしかないですよ。間違いなく。

Q11

海外の指導者と日本の指導者の違いは何でしょうか？

海外の指導者というよりも、本当に良い指導者とは、まず怒りません。怒るというよりは修正するために声を上げることはあります。「いや、お前、ここはこうだろ」というように声を上げて止めるのです。そして、そう指摘した理由を1から10まで説明します。海外の指導者はプレーを止めて指摘するときがうまいと思います。プレーを止める、やり直す、こうこうこうだからこれはこうしよう、と説明ができるのです。

これが日本の場合、「おまえこうだと言っただろ」と頭ごなしに押しつけて、それで終わり。「さっき言ったじゃねえか！」と頭ごなしに言うわけです。

良い指導者はトレーニングの意図を理解し、明確な言葉にして伝えられます。選手が理解していないと判断すれば、何回でもやり直し、この選手はもうわかった、と自分自身が納得するまで同じことを何度でもやります。

だから、今日の練習メニューはこれだ、と決めたからとメニューを全部消化して終わるわけではありません。練習メニューを決めたとしても、あるステップでつまづけば次のステップには進まず、焦ることなく今日の時間を全部使ってでもそのステップを習得しよう、というスタンスです。

海外の指導者を見る機会は、国内にいても結構あります。来日してクリニックを開催する指導者もいるので、そこに参加しても良いと思います。とにかく触れることだと思います。

Q12 うちの子は小学生ですが、語学はどうすればマスターできるのでしょうか？

語学の勉強は覚える気があればできます。言葉を覚えるポイントは耳から聞くしかありません。書くことよりも、とにかく聞くことです。時間があれば常に音楽でも何でもいいので流しておけば、だんだんと頭が覚えていきます。

僕はスペイン語がまったくわからない状態でアルゼンチンに行き、向こうで覚えました。とにかく自分で話しまくり、聞きまくり、それをノートに書いて、辞書で調べることを延々と繰り返したのですが、耳で聞くことが一番良いと思います。言葉の勉強がしたいから塾などに行くというのはこの国の考え方です。誰かに習えば言葉が喋れるようになるという固定観念は捨てて去ってください。英会話教室に通っただけで喋れるようになった選手はいままで見たことがありません（笑）。

Q13 海外の子どもと日本の子どもは何が一番違いますか？

まず生まれた環境がまったく異なります。それから体の中に通っている血が異なります。彼らは赤ちゃんのときから言葉を浴びているし、お腹にいるときから自分がファンになるクラブが決まっています。お父さんがどこどこのチームのファンだったら、お腹にいるときからそこのファンと決まっているのです。

その時点から取り組みが違うし、見ているものが違うし、触れているものも、掛けられる言葉も違います。そうなると目指す目標も背負う夢も違ってきます。一番違うのは環境、そして親です。

小さい子どもたちがスタジアムの金網に張り付きながら応援している姿なんて日本では見られないですよね。僕がいくら言葉で言おうと伝わらないし、日本の親が海外の文化に触れることなくして伝わることはないと思います。

Q14 自分の強みはどうやって身につければいいでしょうか？

自分の強みは、色々な人に聞くのが一番早いです。自分の得意なことは他人が教えてくれることが多いので、他人から自分の強みを聞く方法を取りましょう。

「僕は何が強みですか？」「何が良いと思いますか？」と聞いて回れば、色々な答えが積み重なっていき、やがてまとまってくると思います。

それが自分の強みだと自覚し、あとは練習するのみです。

Q15 筋トレはいつから始めればいいでしょうか？

これは伝え方が難しいのですが、16歳でプロのトップデビューを目指すのであれば13歳からやらないとダメだし、日本のように高校3年生が終わった段階でプロになりたいのであれば16歳から始めれば良いと思います。つまり、自分の商品価値を上げ、プロになるタイミングをどこに持っていくかによります。

日本の場合、身長の発達が止まるから筋トレを中学生のときにやるのは早いと言われます。それは国として余裕がある証拠で、日本の高校生や大学生はまだお金を稼いでいないから学校を卒業するときまでに体を鍛えておけばいいという考え方が一般的です。

一方、南米やヨーロッパでは良い選手は15歳、16歳のときにプロ契約を結びます。ということは、16歳でプロとしてトップデビューができる体を作っておかないといけないのです。そう考えると必然的に13歳から筋トレを始めないといけません。

3年間はじっくり体を作らないとヒョロヒョロに見えてしまいます。1軍にはゴリラのような体格の選手がいるわけで、ヒョロヒョロのままだとへし折られて終わりです。

Q16
左足でボールを蹴るのが苦手です。両足でプレーできることは重要ですか？

メッシぐらいうまければ必要ないかもしれませんが、この現代サッカーで「俺は右足一本でいくんだ」という道に進むのはキツイです。

これだけ分析できる世の中になっているので、「こいつは必ず右足でボールを持つぞ」などと容易にバレてしまうので、そうなれば簡単に対処されてしまいます。

昔とは時代が異なります。

マラドーナはむちゃくちゃうまい選手でしたが、当時はそこまで分析できる世の中ではなかったので、あれだけ色々できたという見方はできます。

とはいえ、メッシはやはり別次元ですが、ではクリスティアーノ・ロナウドが左足で蹴られないかというとそんなことはありません。メッシもしっかり右足で蹴られますから。

だからこそ、これからの時代を生き残るには、左右どちらも蹴られないとやっていけない時代と言えます。商売と一緒です。こういう時代だから、あれもこれもできなければ商売にならないよ、というのと同じです。

つまり、トータルで力を伸ばしていかないと、弱点を見極められると厳しい時代に突入しているということです。

そして、トータルで能力を上げながら、やはり何か武器になるものがあるとプラスに働くのは間違いありません。

今まで色々なレジェンドたちと一緒に仕事をしてきましたが、たとえば、元イタリア代表のDFマテラッツィは、サッカーはうまくないけれど、1メートルのポジション取りの距離感を大切にしていました。足は遅いのですが、相手との距離感を調整しながら巧みに防ぐことができるとか、その感覚が非常に優れていました。また、人に対してとにかく強いという特徴もありました。

トップトップでプレーする選手たちはみんな自分の特徴はわかっていました。俺はこれだけは負けないという明確な武器が必ずあるのです。

おわりに

2020年。今年は新型コロナウイルスの影響により、一時期、サッカーが息をすることを忘れてしまいました。でも、皆さんは呼吸せずに生きていけると思いますか？ 息は吸って吐かなければいけません。サッカーは呼吸であり、止めてはいけないのです。もちろん息が乱れることはあるでしょう。スペインも多大なる影響を受けており、子どもたちのサッカーも一時期止まってしまいました。ただ、サッカーは死にはしない。

今できることを見つめ毎日しっかりと息をするのです。力強く息を吸い、力強く息を吐くことを忘れなければ、サッカーが止まることはないでしょう。今この瞬間をこれからも力強く生きていきましょう。

最近、僕が強く思い始めたのは、スペインでクラブのオーナーになることです。その一つには、ミッチェル・サルガドと2人でオーナーになるという案があります。スペインのあるクラブを保有したいという考えがあり、今はそのクラブを見守っている状況です。現在（スペインの）3部で首位なのですが、オーナーになれば面白いことになるだろうと思っています。

もう一つの案は、マドリードに信頼できるスペイン人がいて、彼とまた別に話を進めています。二つくらいクラブを保有すれば、外国人の3枠を保有することができるので、そこで試合に出てもらい、プロになり、あとは自分たちで羽ばたいてほしいのです。

一番大きなメリットは、クラブを保有すれば、選手にチャンスを与えてあげられることです。そして、当然ながらその選手たちがステップアップして移籍をすれば、その時点でクラブに利益も生まれます。その利益を通してクラブを運営し、日本人にもチャンスを与えてあげることができたらと思っています。だから今は、ラ・リーガのクラブから情報をもらいながらより多くの試合を見ています。クラブを保有しても、当然、車と同じで維持費がかかります。すべての情報が正しい動き方をして、やがて自分のところまで来るならば話は前進すると思います。

日本の選手たちが一生懸命努力してプロになる。それを、選手がプロになるという道筋ではなく、我々がプロにする。そんなふうに変えることができれば、より多くの選手たちにチャンスは広がります。最近は、そこまでやらなければいけないと強く思っています。


最後になりましたが、この本を出すうえで声を掛けていただいた吉村洋人さん、炭谷さん、そしてライターの鈴木康浩さん、東洋館出版社様には心から感謝いたしております。

この本を1人でも多くの方が手に取り、何かの参考にしてくれれば大変うれしく思います。

結局、サッカー人生は良くも悪くも自分次第。

皆様のサッカー人生が素晴らしく後悔のないものになるよう心から願っております。

２０２０年９月　稲若 健志

［著者略歴］
稲若 健志（いなわか・たけし）

株式会社ワカタケ代表。1979年生まれ。神奈川県出身。藤嶺学園藤沢高校卒業後、ディエゴ・マラドーナに憧れアルゼンチンに渡航しプロ契約を結ぶ。愛媛FCや栃木SCなどでプレーしたのち引退。帰国してからも10年以上に渡り、毎年アルゼンチンを訪れ、指導や教育を学び、26歳のときに株式会社ワカタケを設立。アルゼンチンで学んだ独自の視点から小学生や幼稚園を対象にしたサッカースクールを全国各地に立ち上げ、講演・巡回指導も含め、年間5,000人近い子どもたちを指導している。著書に『親子で学ぶアルゼンチンサッカースピリット』『十年後の君たちへ輝かしい未来へのエール』（ともに随想舎）がある。中井卓大選手の挑戦の支援を通し、レアル・マドリードに強いパイプを持つ。レアル、アトレティコ、セルタなど日本でのキャンプ及び海外キャンプのライセンスを持つほか、世界各国につながりを持ちリーガ主催のジュニアの大会への出場権も保有。世界を子どもたちに見せるべく、年間1000人以上の子どもたちに海外にいく機会を作っている。

装丁　國枝 達也
本文デザイン・DTP　松浦 竜矢
構成　鈴木 康浩
編集協力　山本 浩之
校正　一木 大治朗
イラスト　小林 哲也
写真　朝日新聞社／ゲッティ、稲若 健志
編集　吉村 洋人

世界を変えてやれ！

プロサッカー選手を夢見る子どもたちのために僕ができること

2020（令和２）年　10月21日　初版第１刷発行
2021（令和３）年　1月18日　初版第２刷発行

著　者　稲若 健志
発行者　錦織 圭之介
発行所　株式会社 東洋館出版社
〒113-0021　東京都文京区本駒込５－16－７
営業部　TEL 03-3823-9206 ／ FAX 03-3823-9208
編集部　TEL 03-3823-9207 ／ FAX 03-3823-9209

振替　00180-7-96823
URL　http://www.toyokan.co.jp
http://www.toyokanbooks.com

印刷・製本　岩岡印刷株式会社
ISBN　978-4-491-04259-6 ／ Printed in Japan